Meditación
Del Domingo
Por La Mañana

Libro Para Colorear Para La Relajación

Coloring Bandit

Publicado por Speedy Publishing Canada Limited

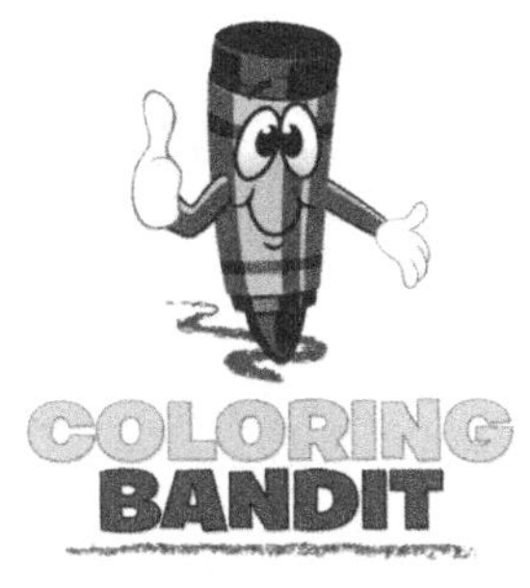

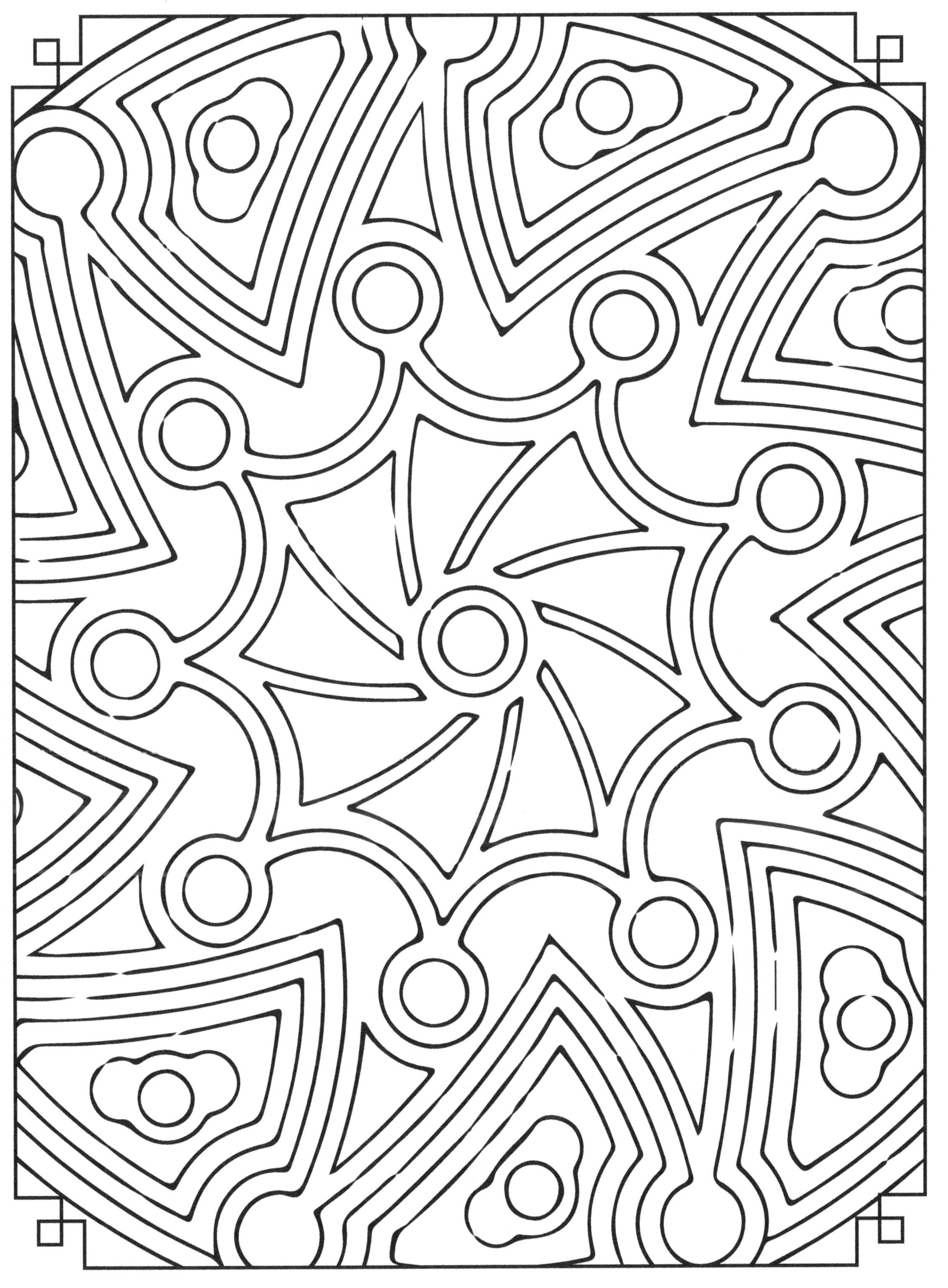

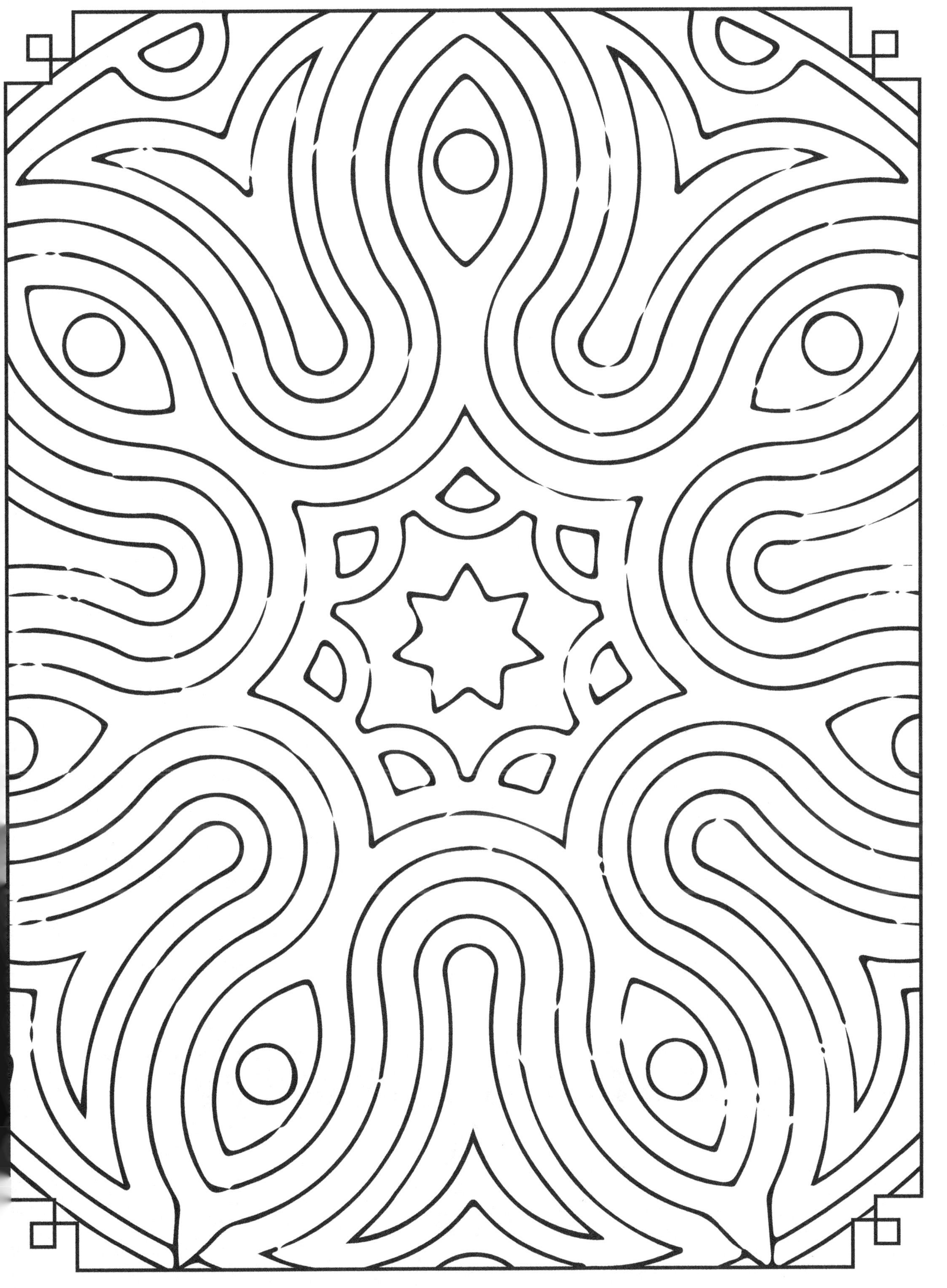

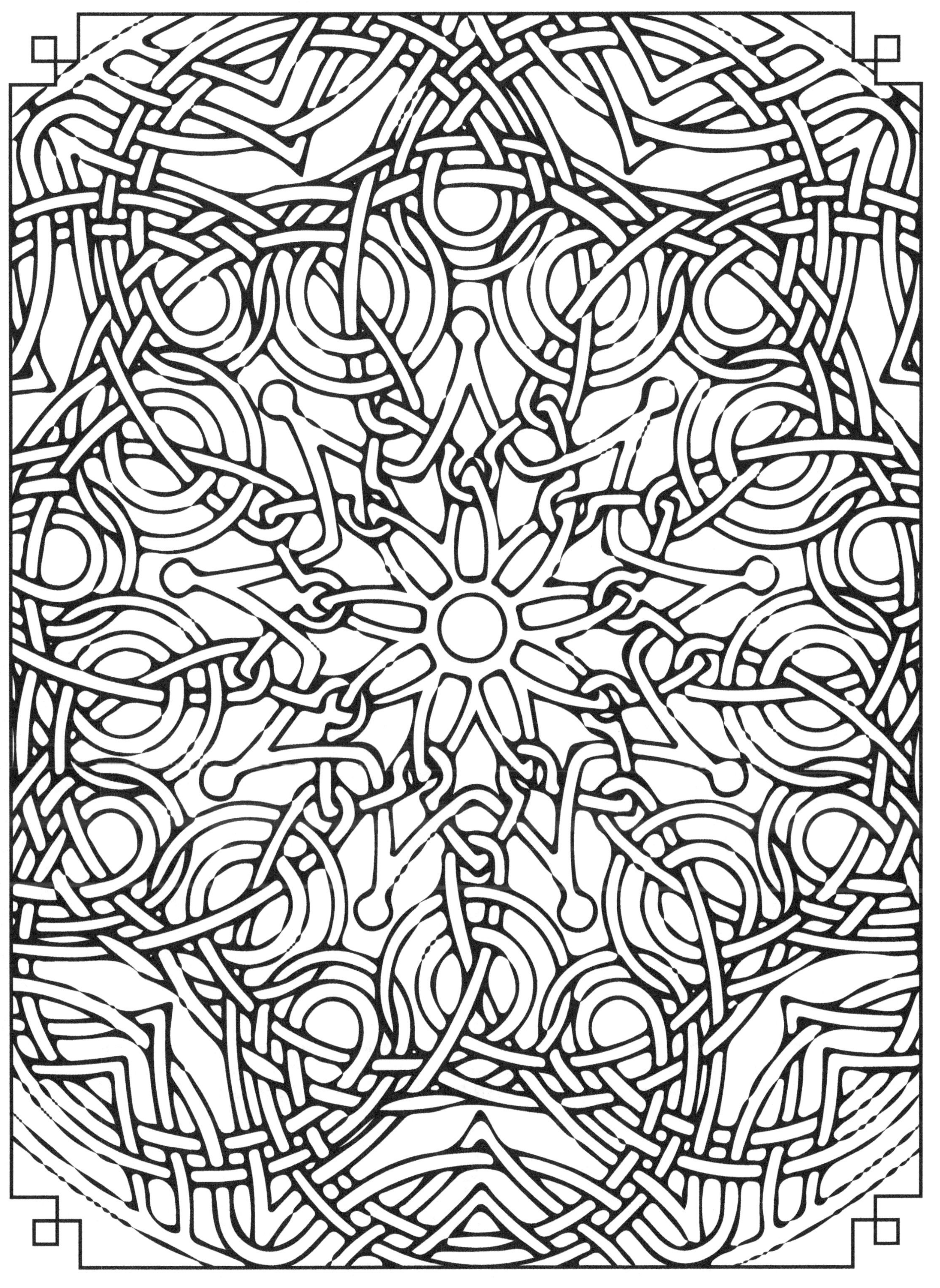

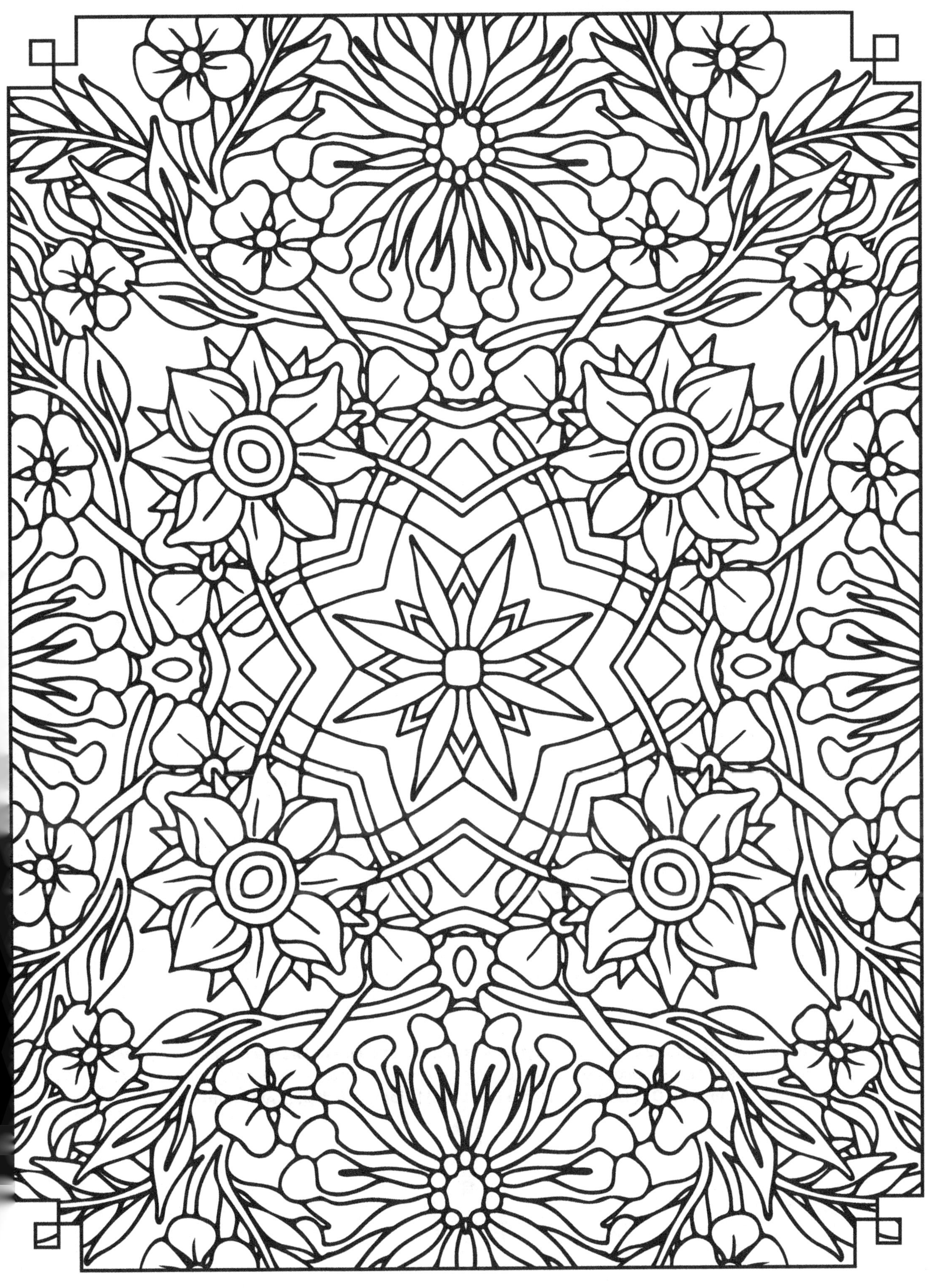

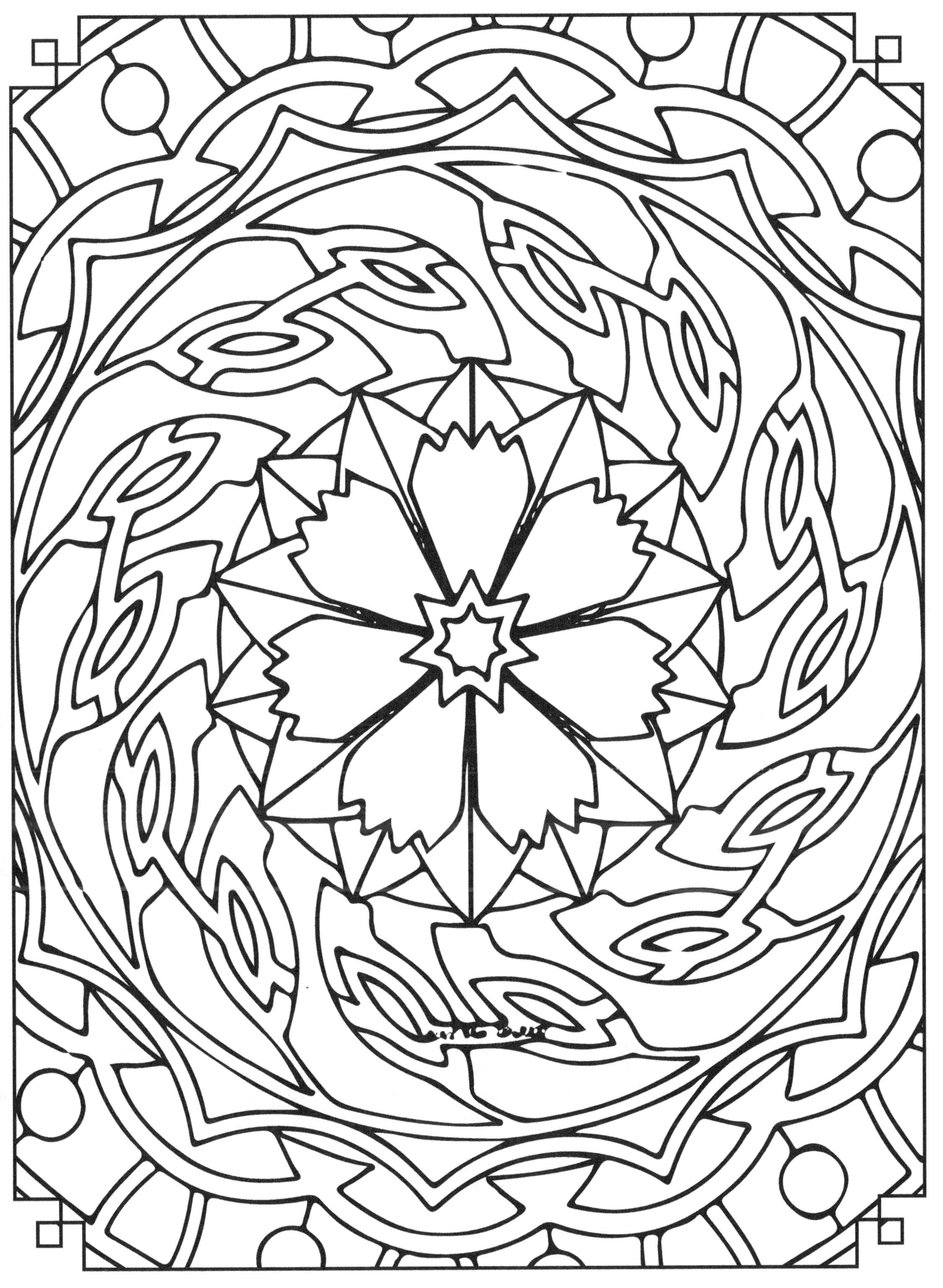

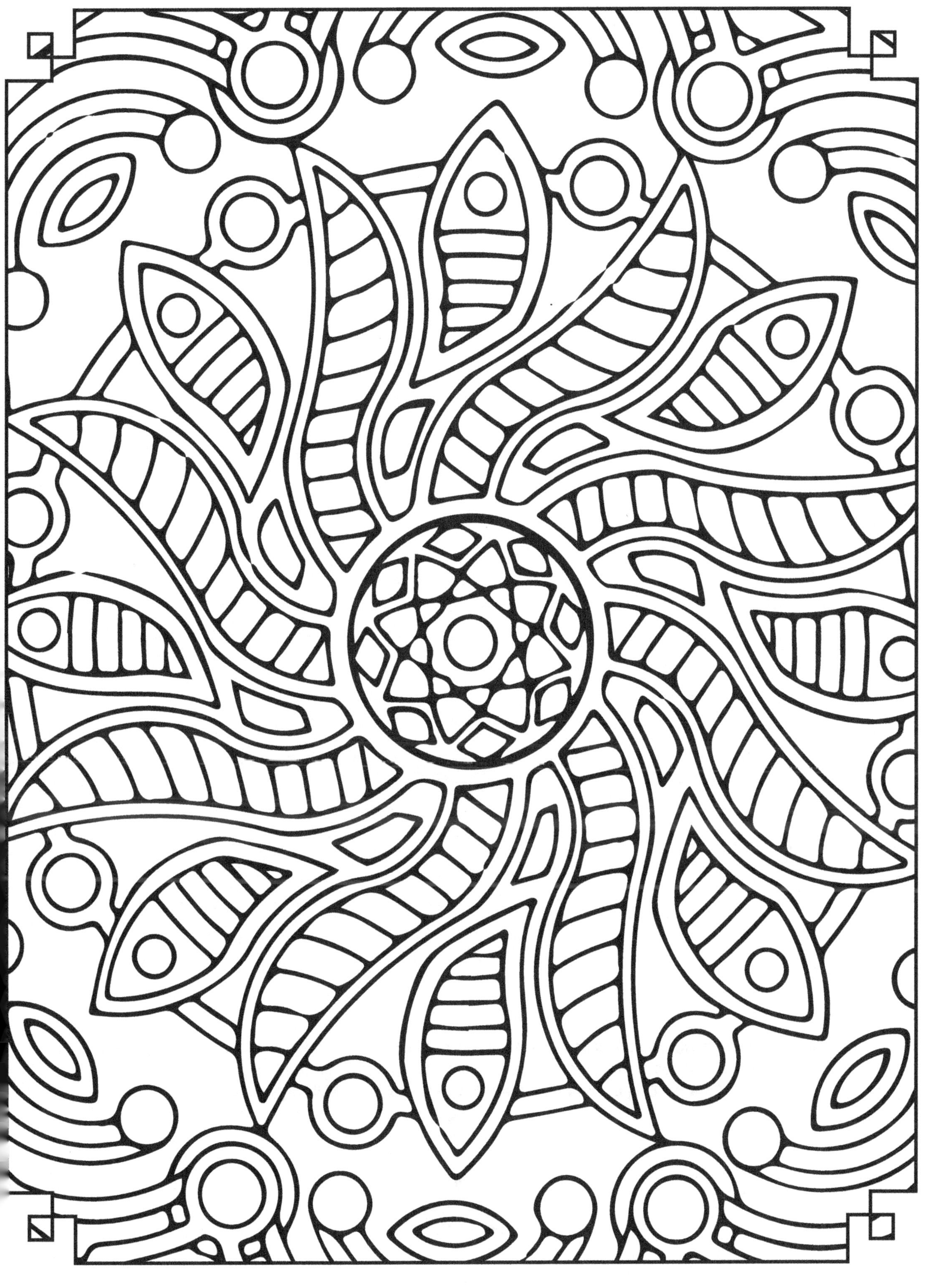

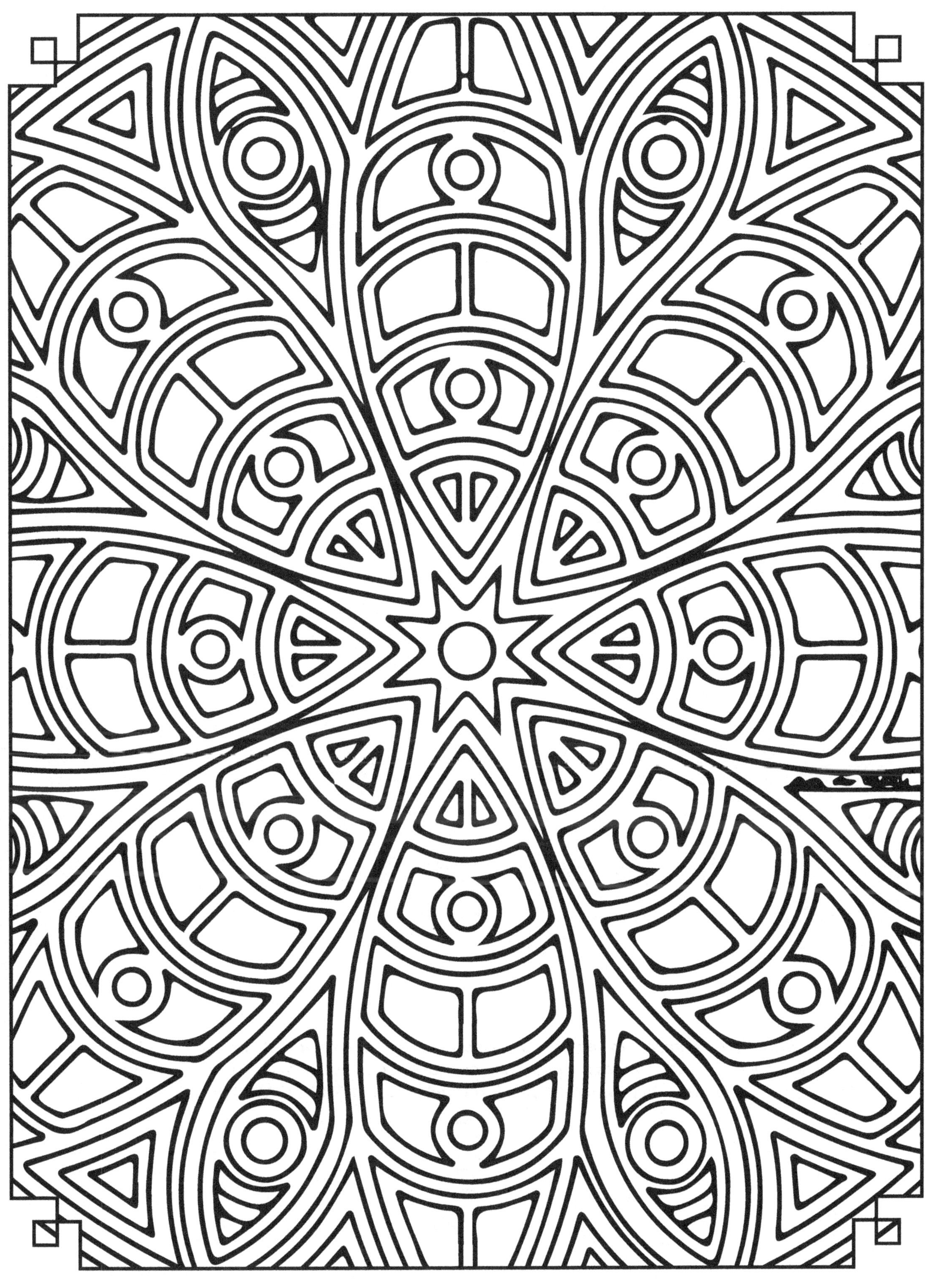

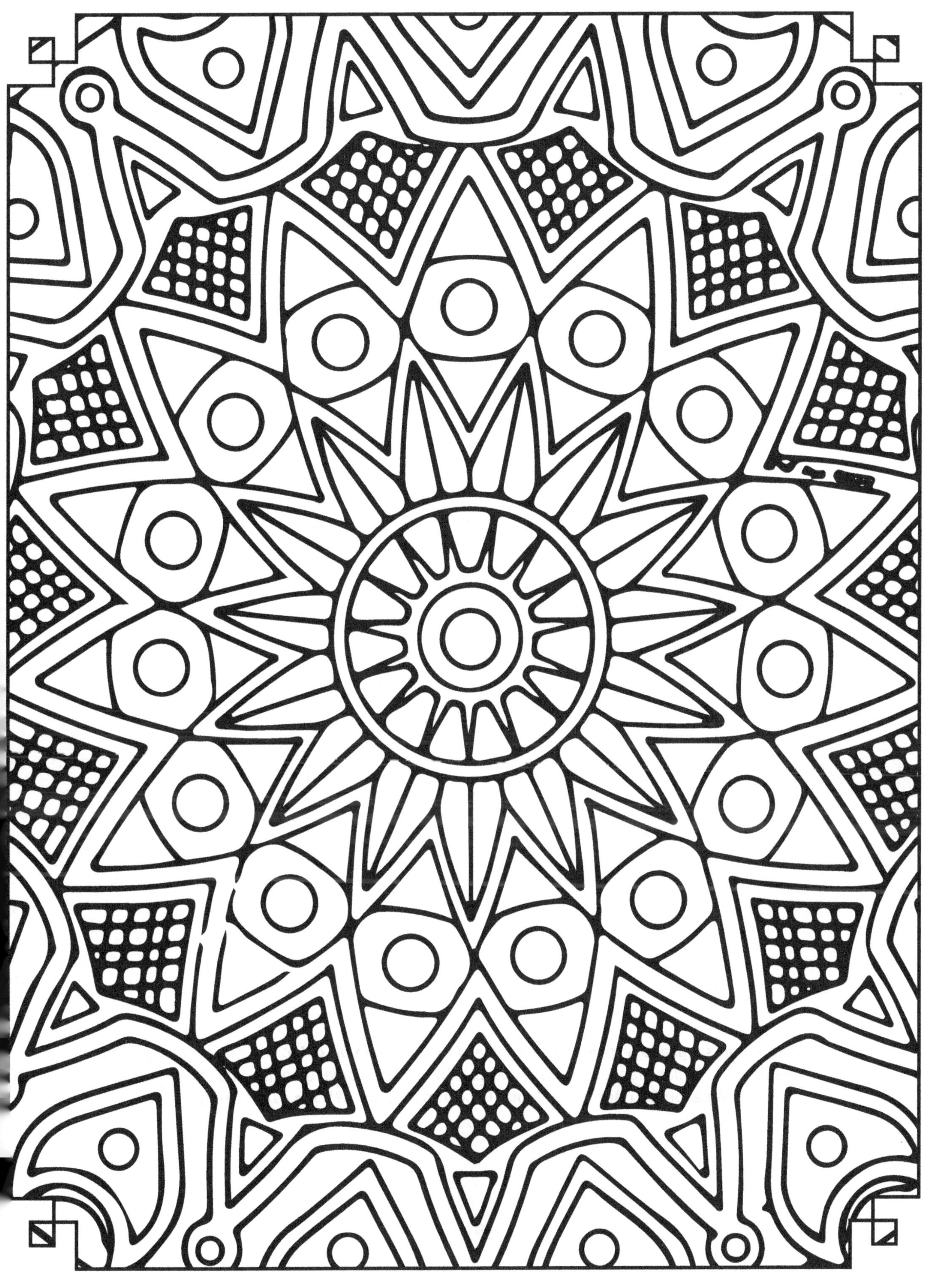

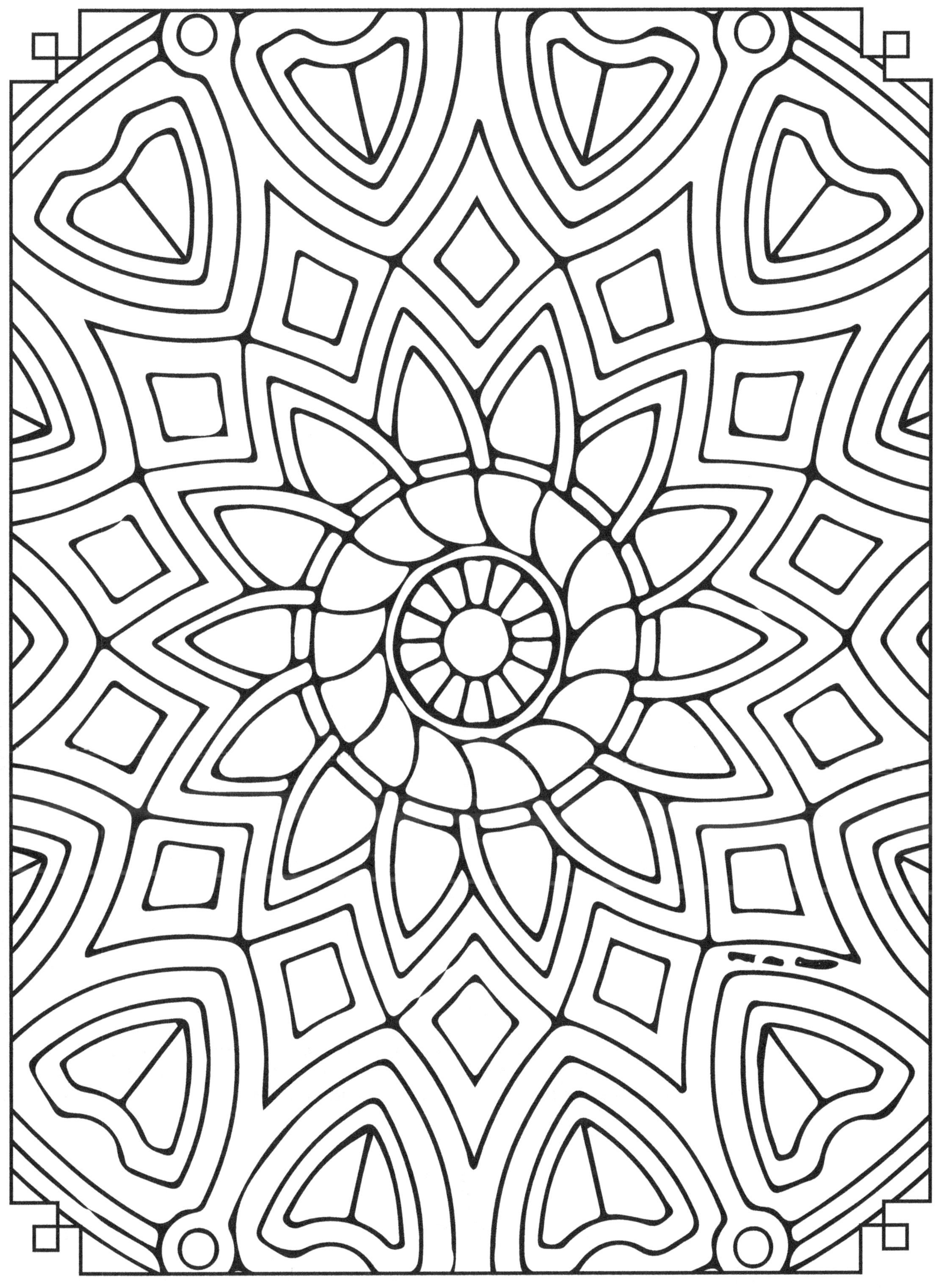

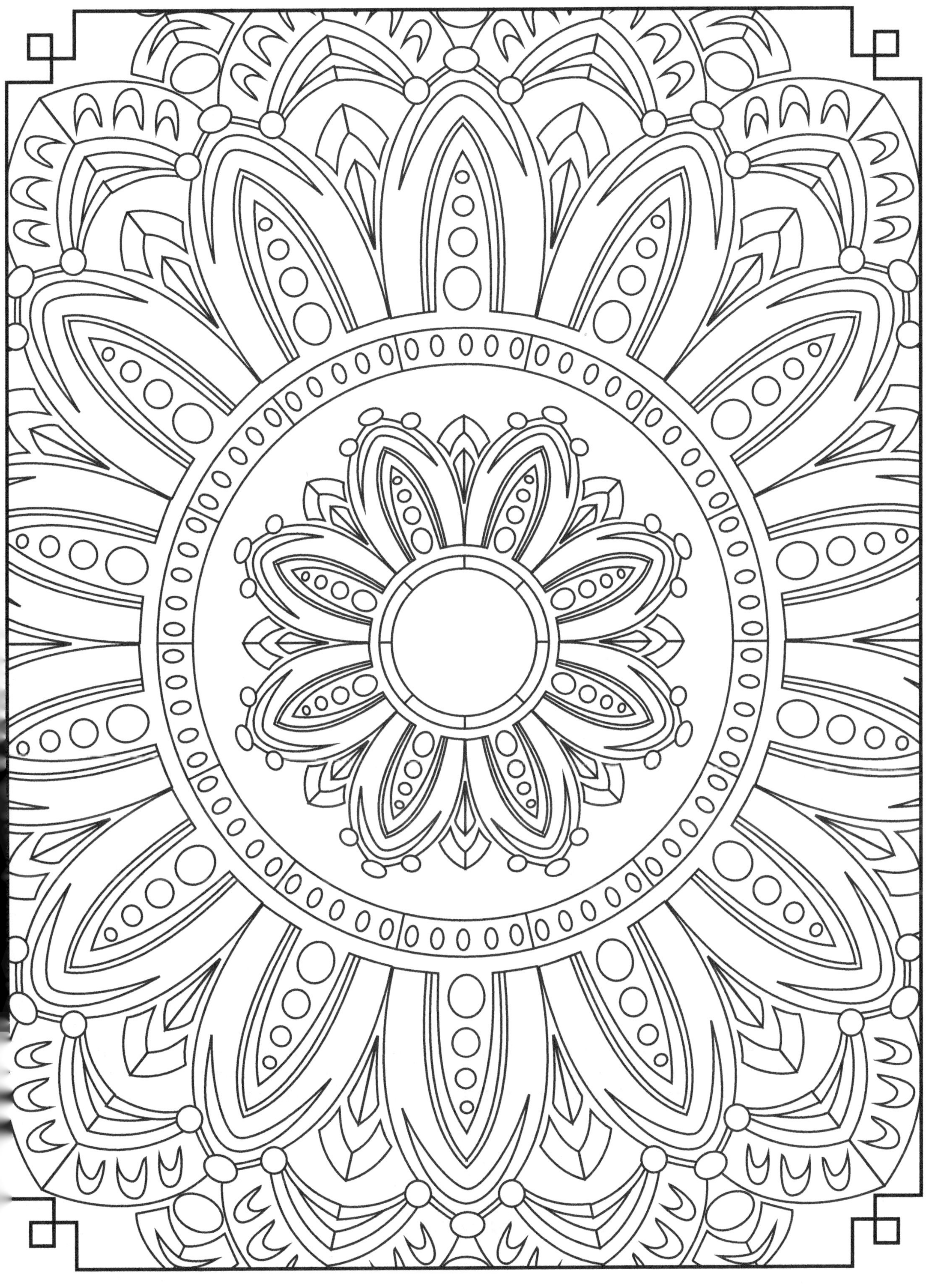

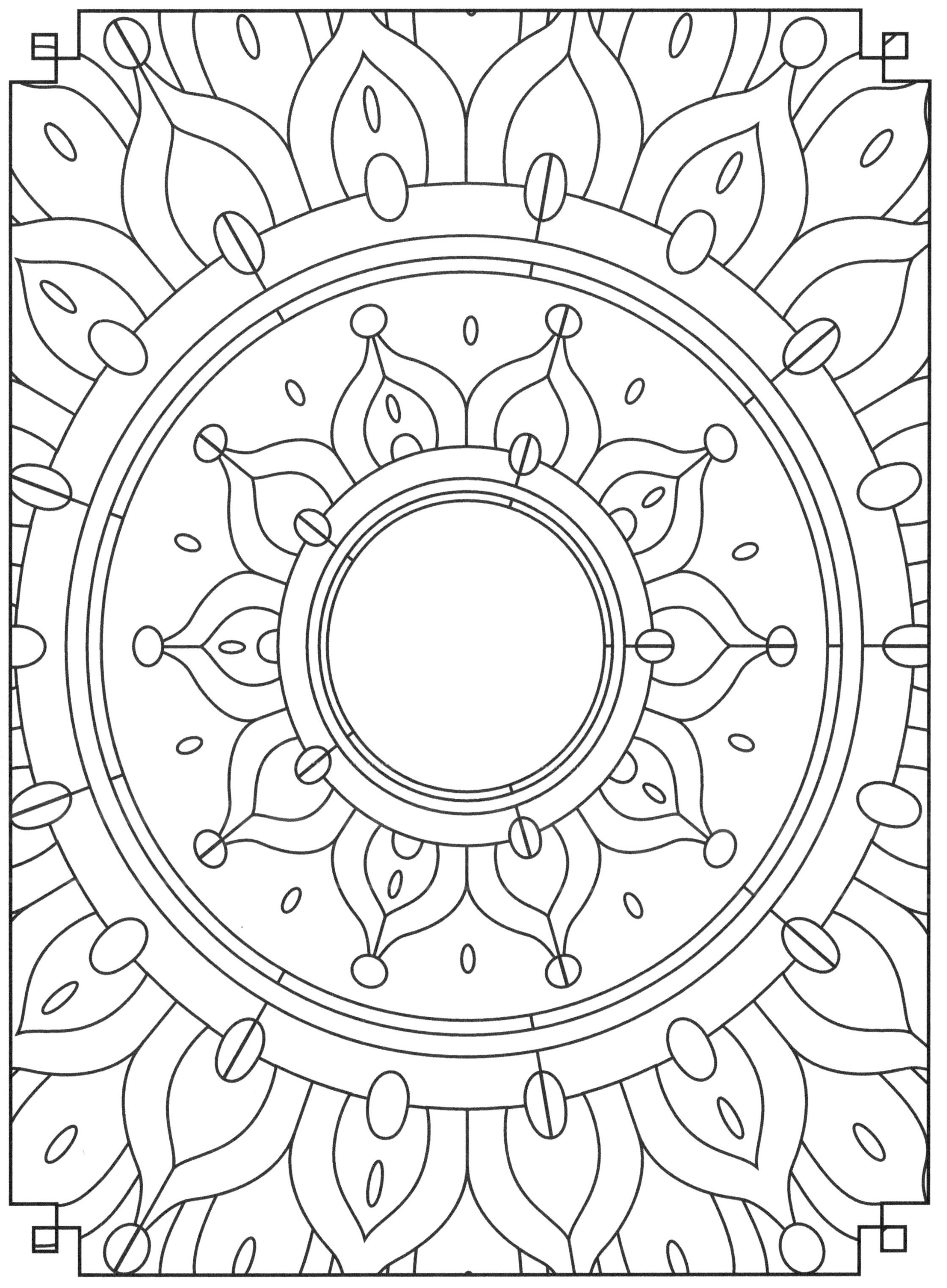

Se trata de un sangrado a través de la página si está usando un colorante marcador o pluma!

Encontrar otros títulos grandes por busca de <u>Bandido Para Colorear</u> en tu favorito libro minorista

Amazon.Ca | Barnes & Noble (BN.Com) | Libros 1 Millón (BAM.Com)

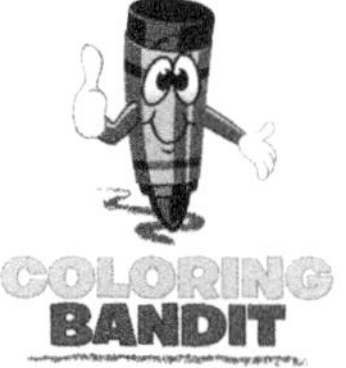

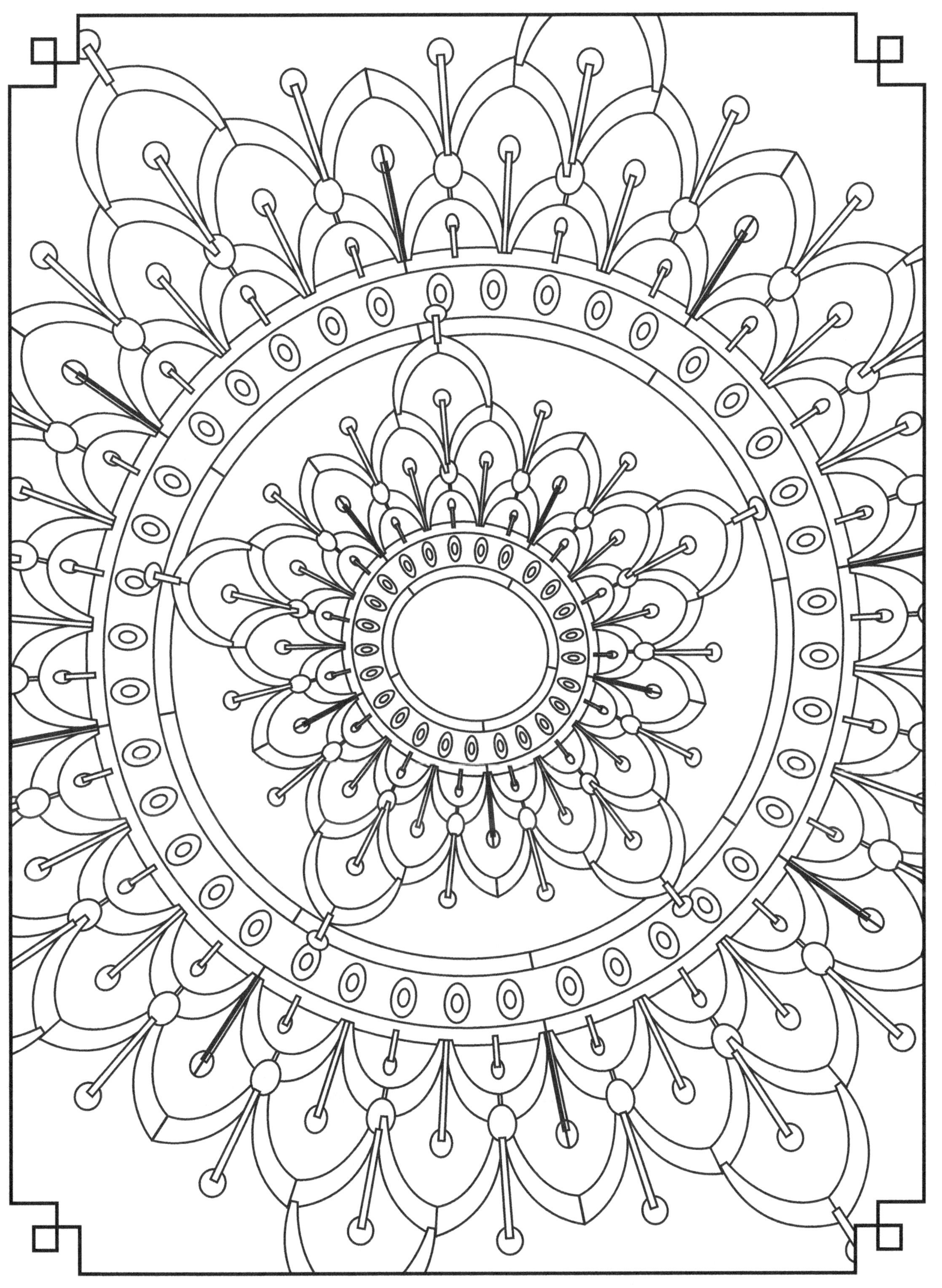

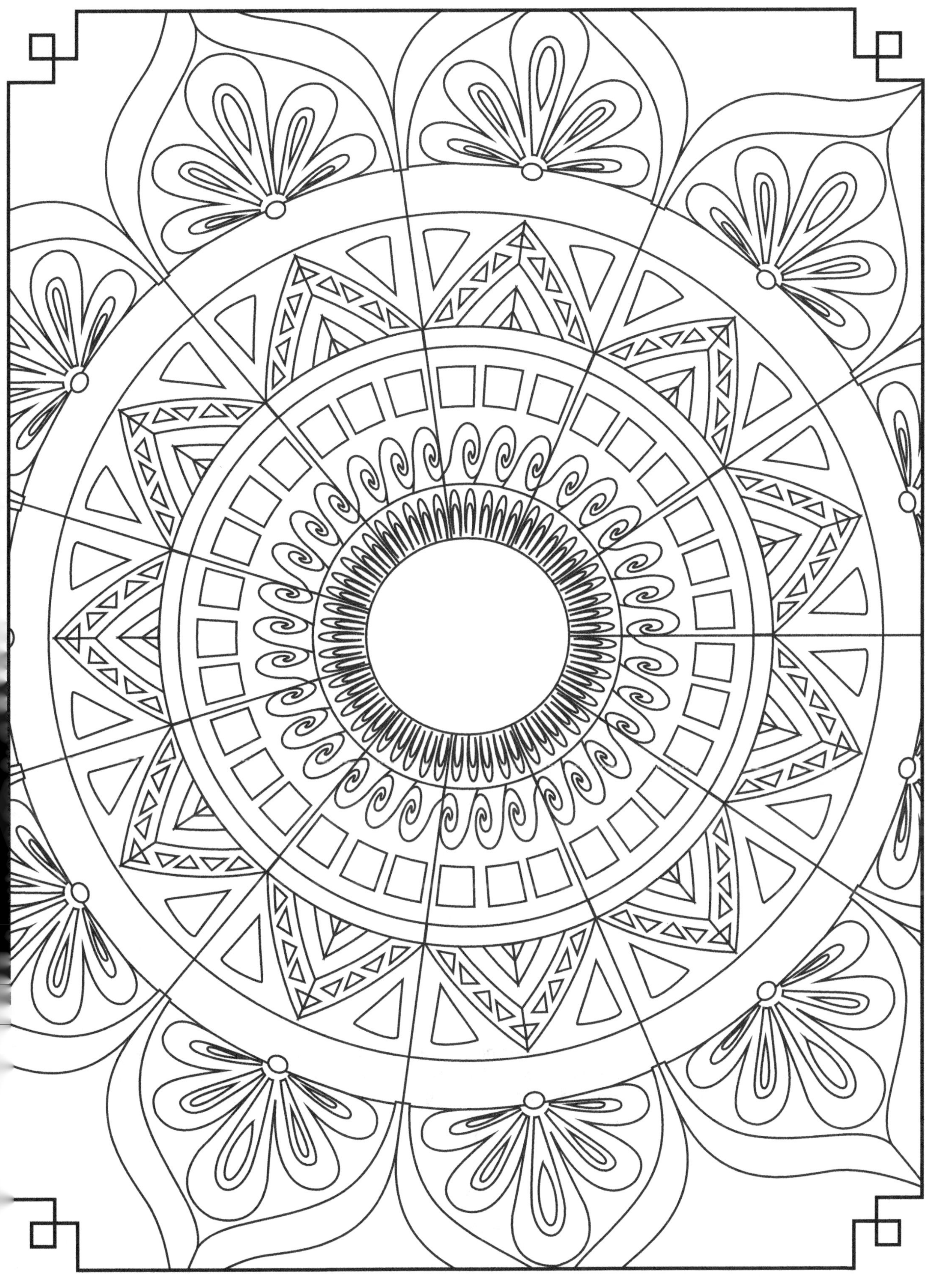

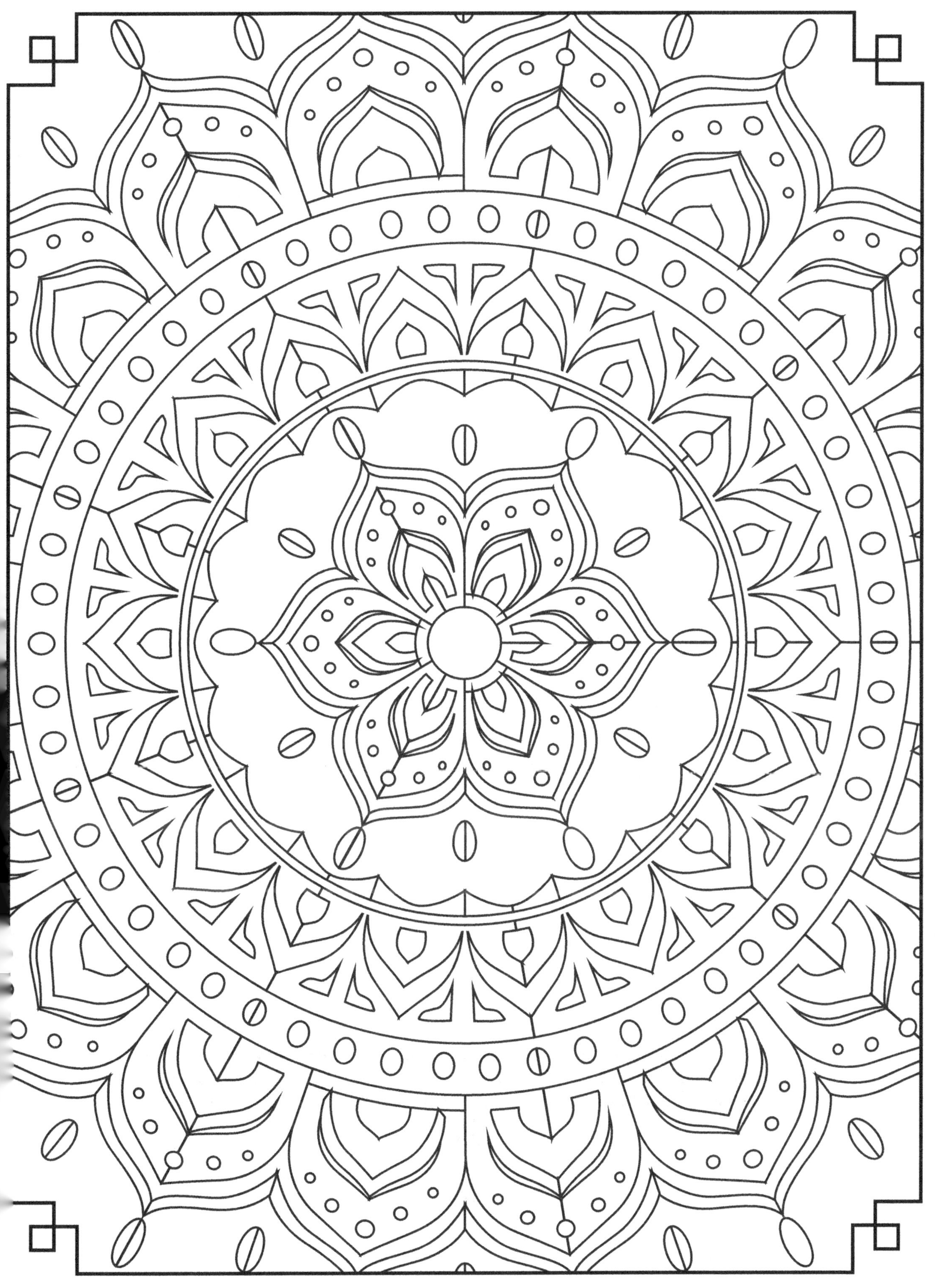

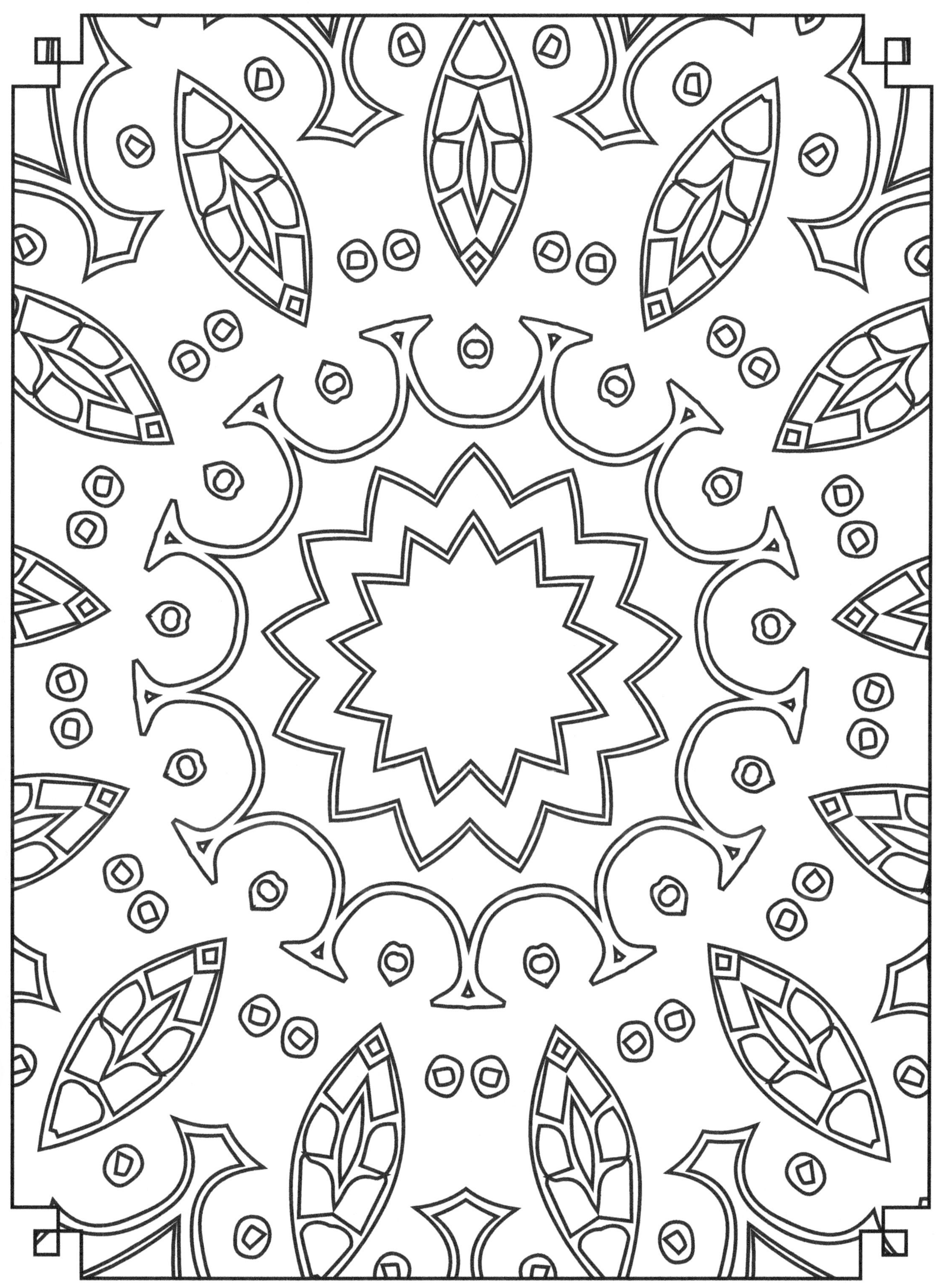

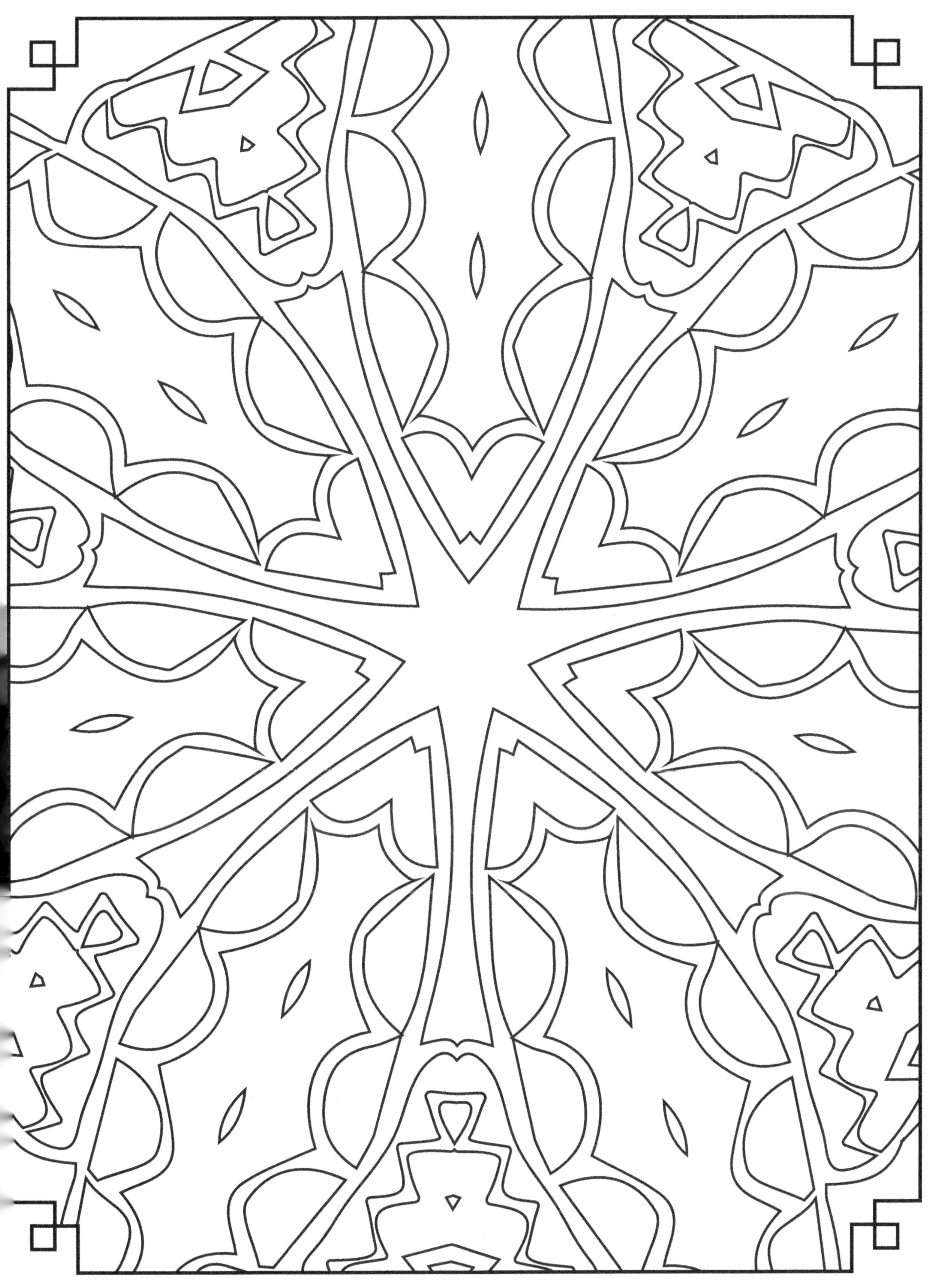

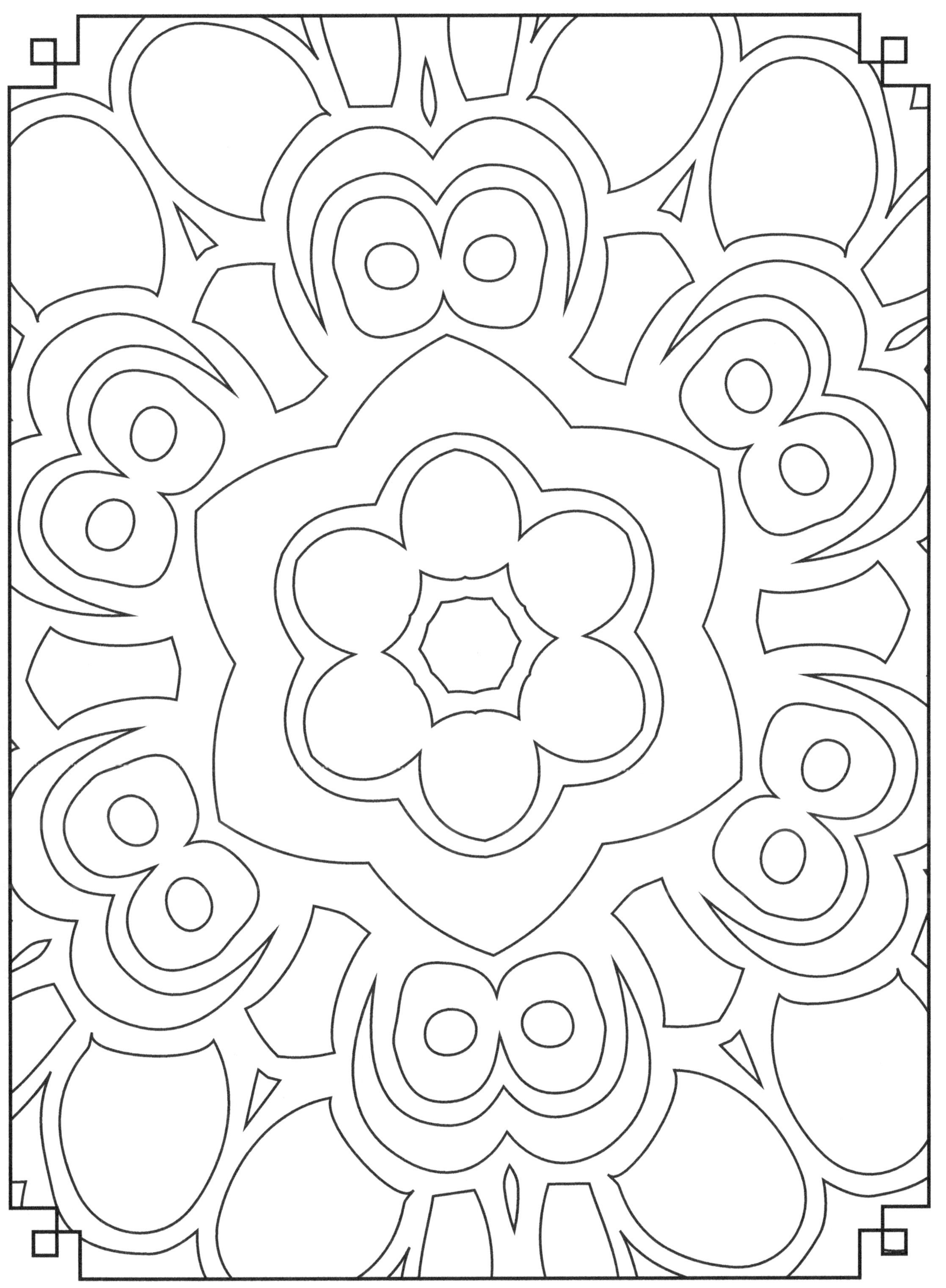

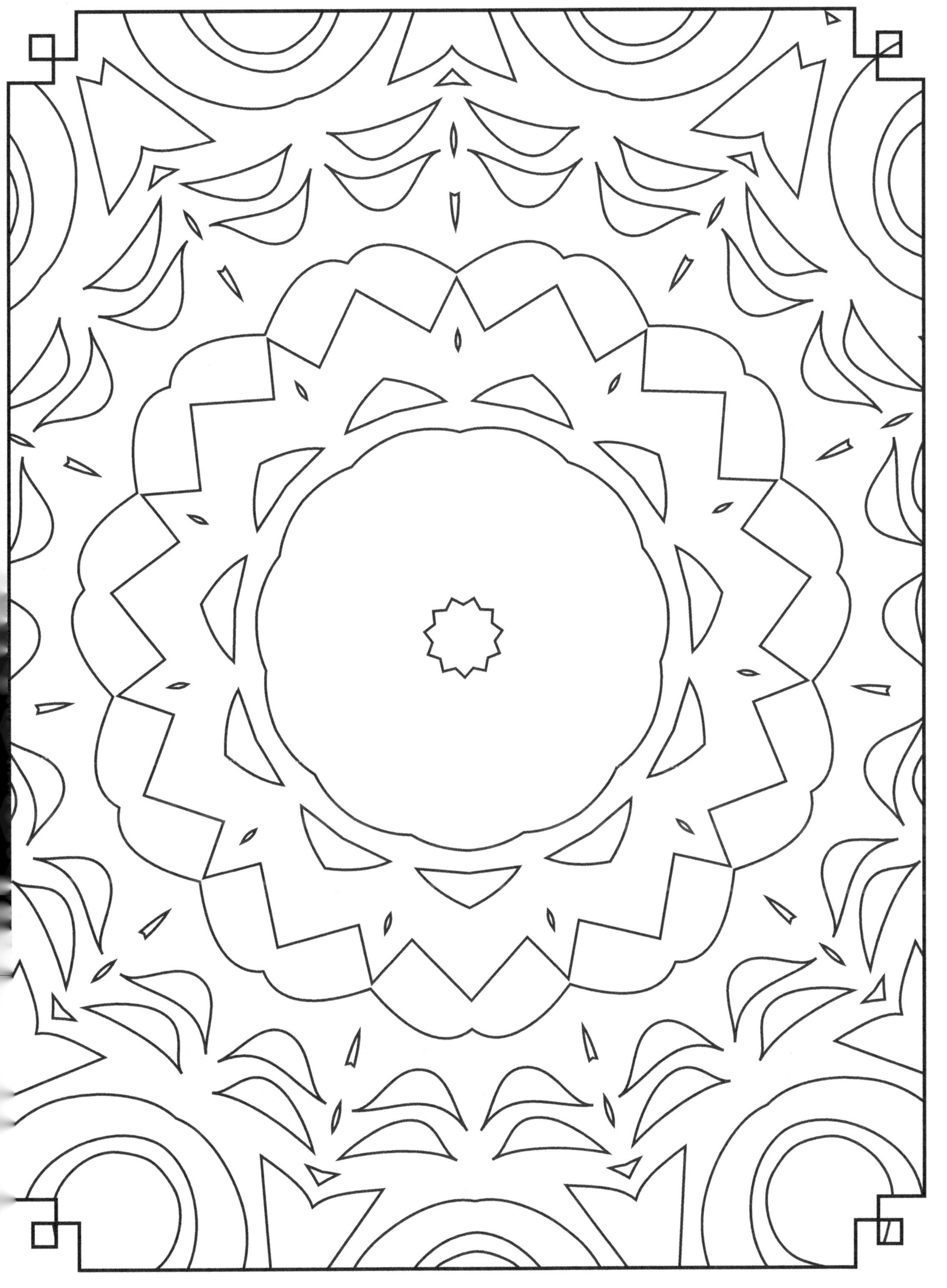

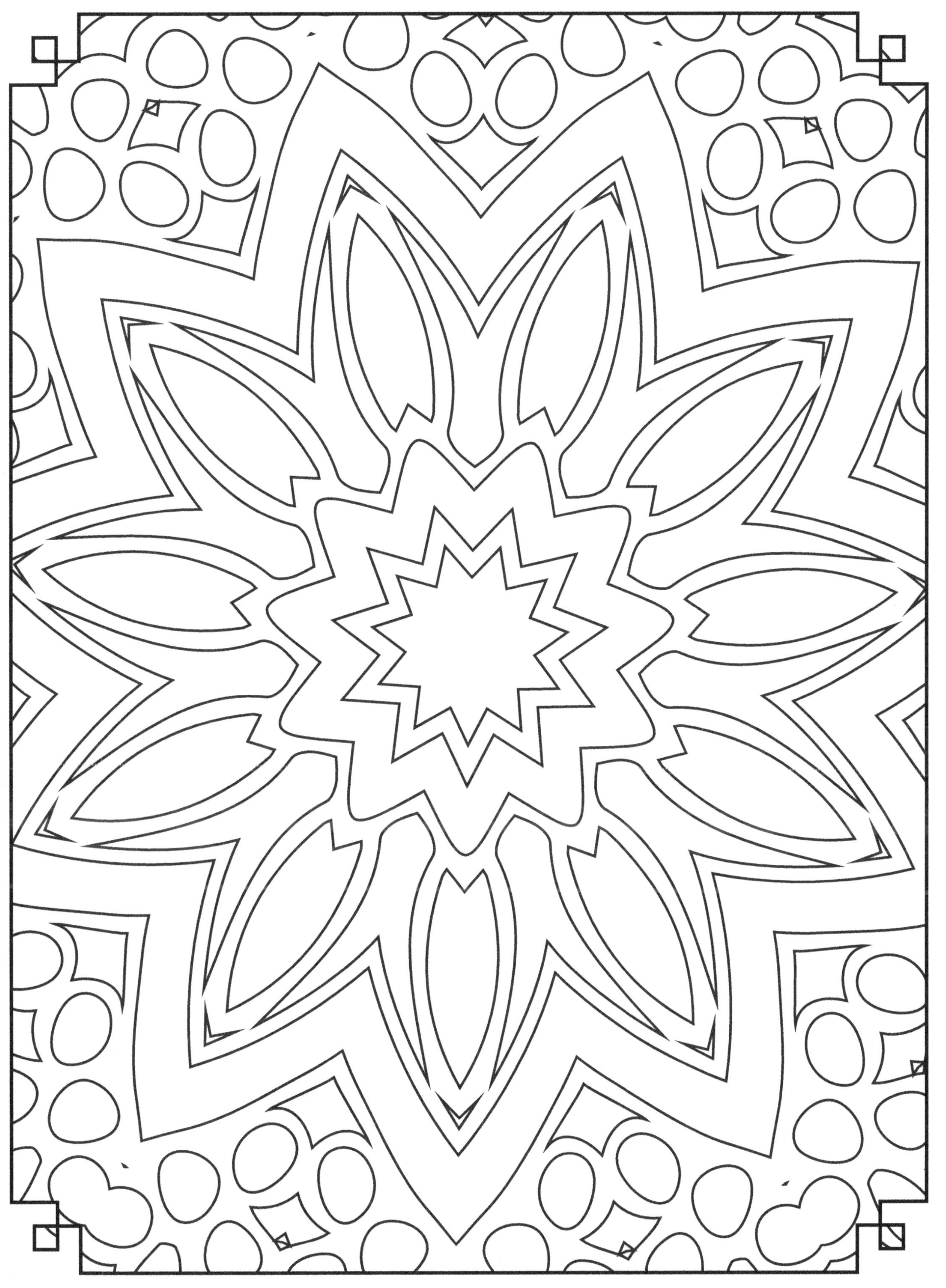

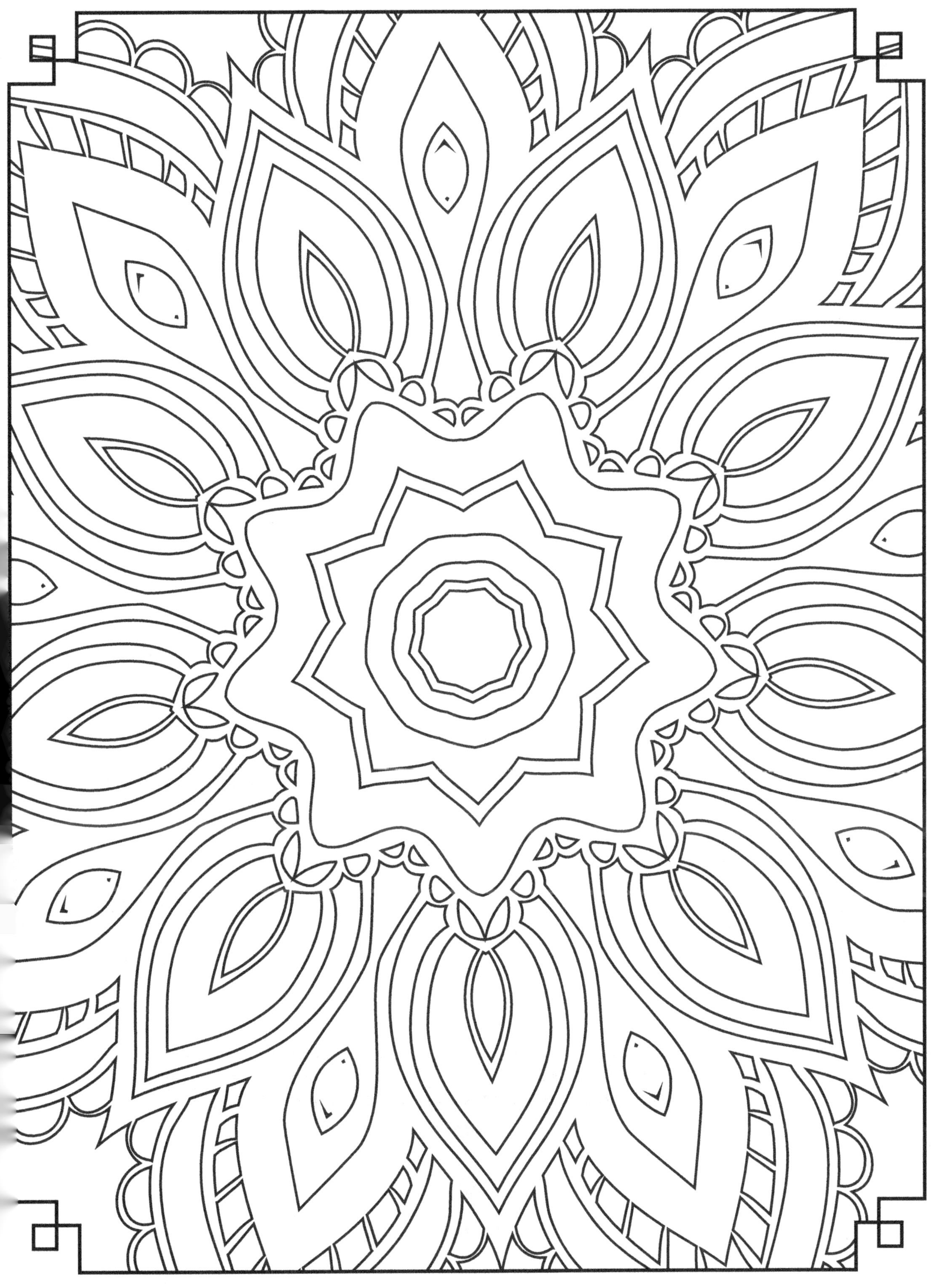

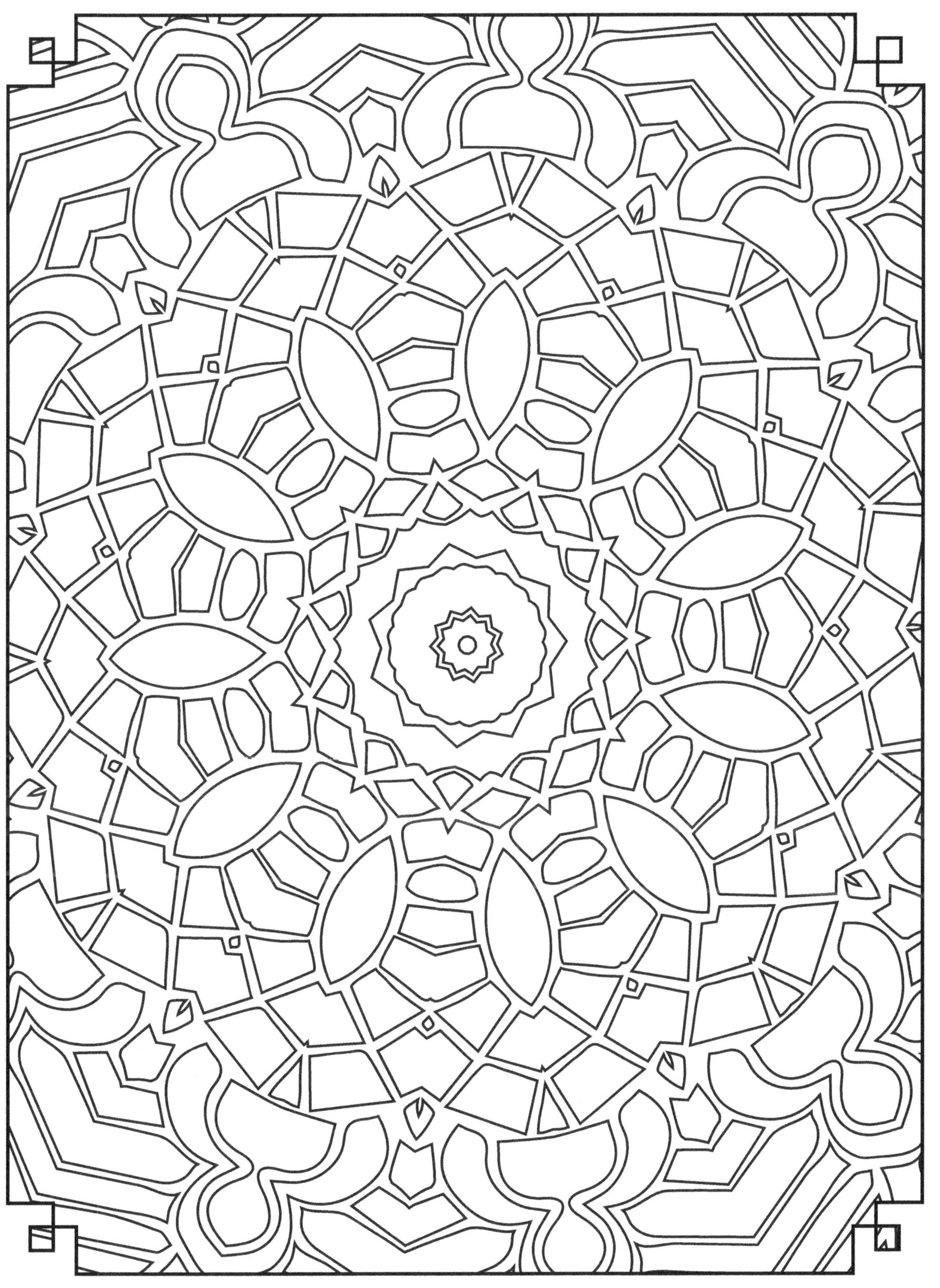

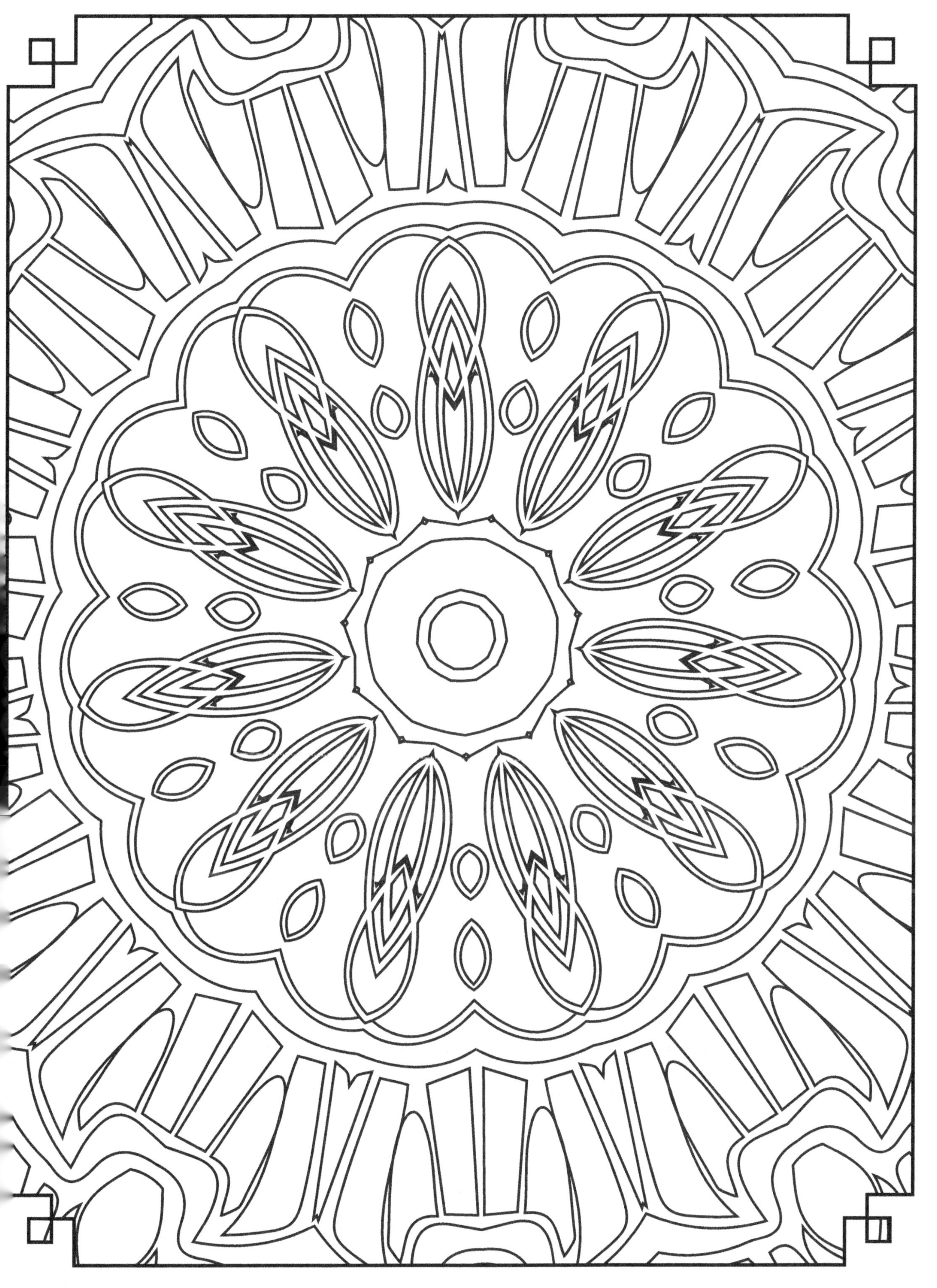

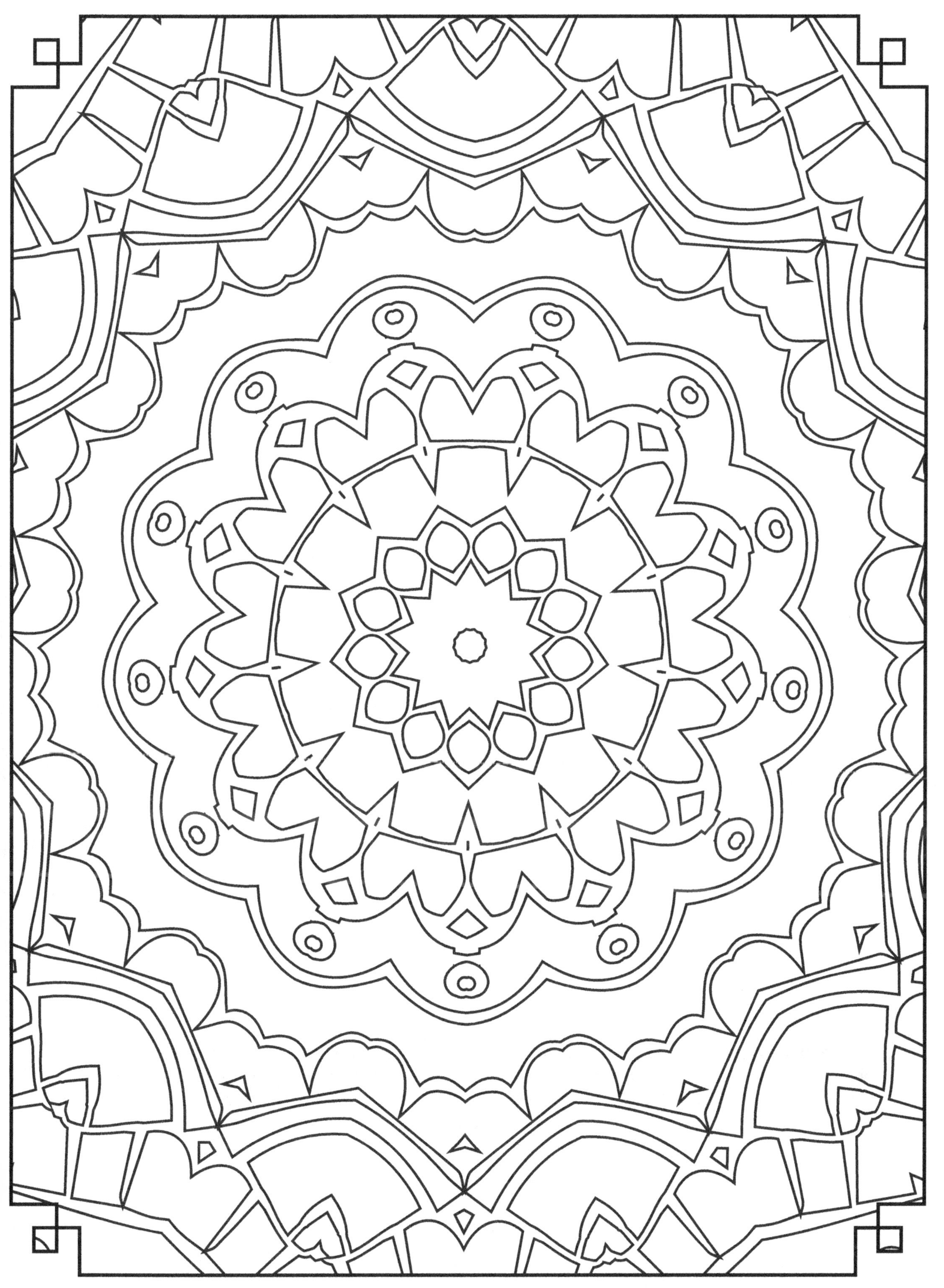

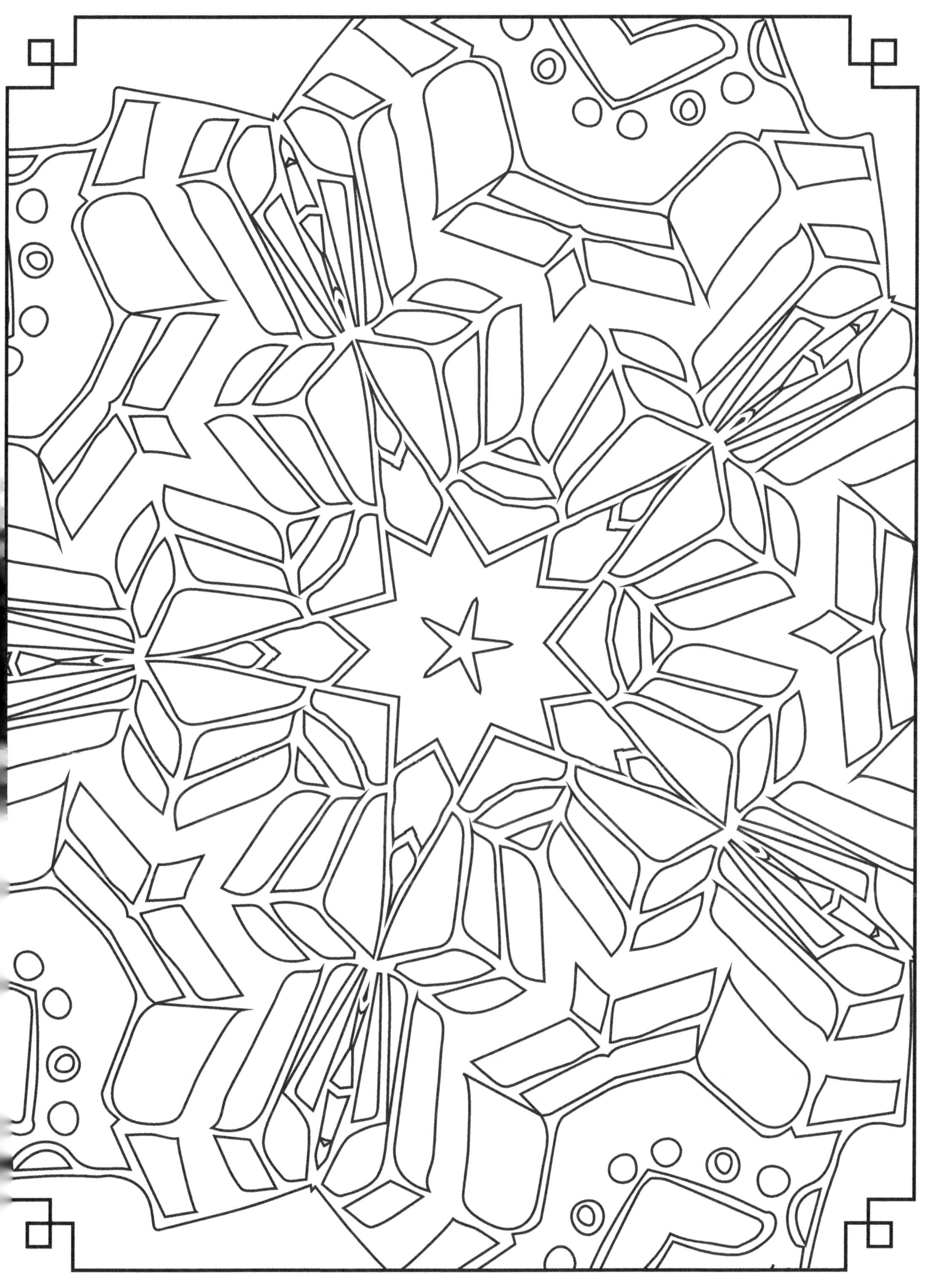

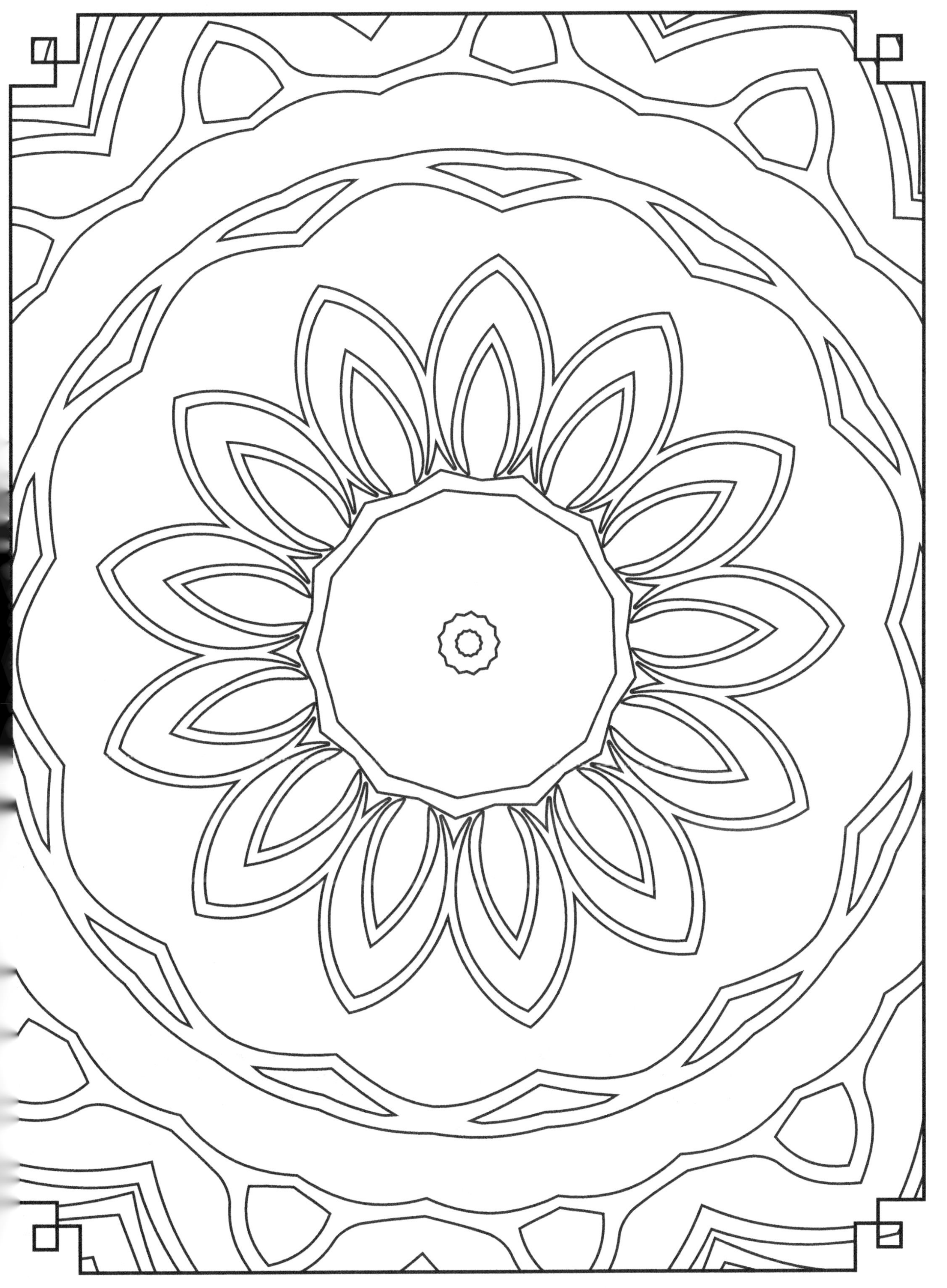

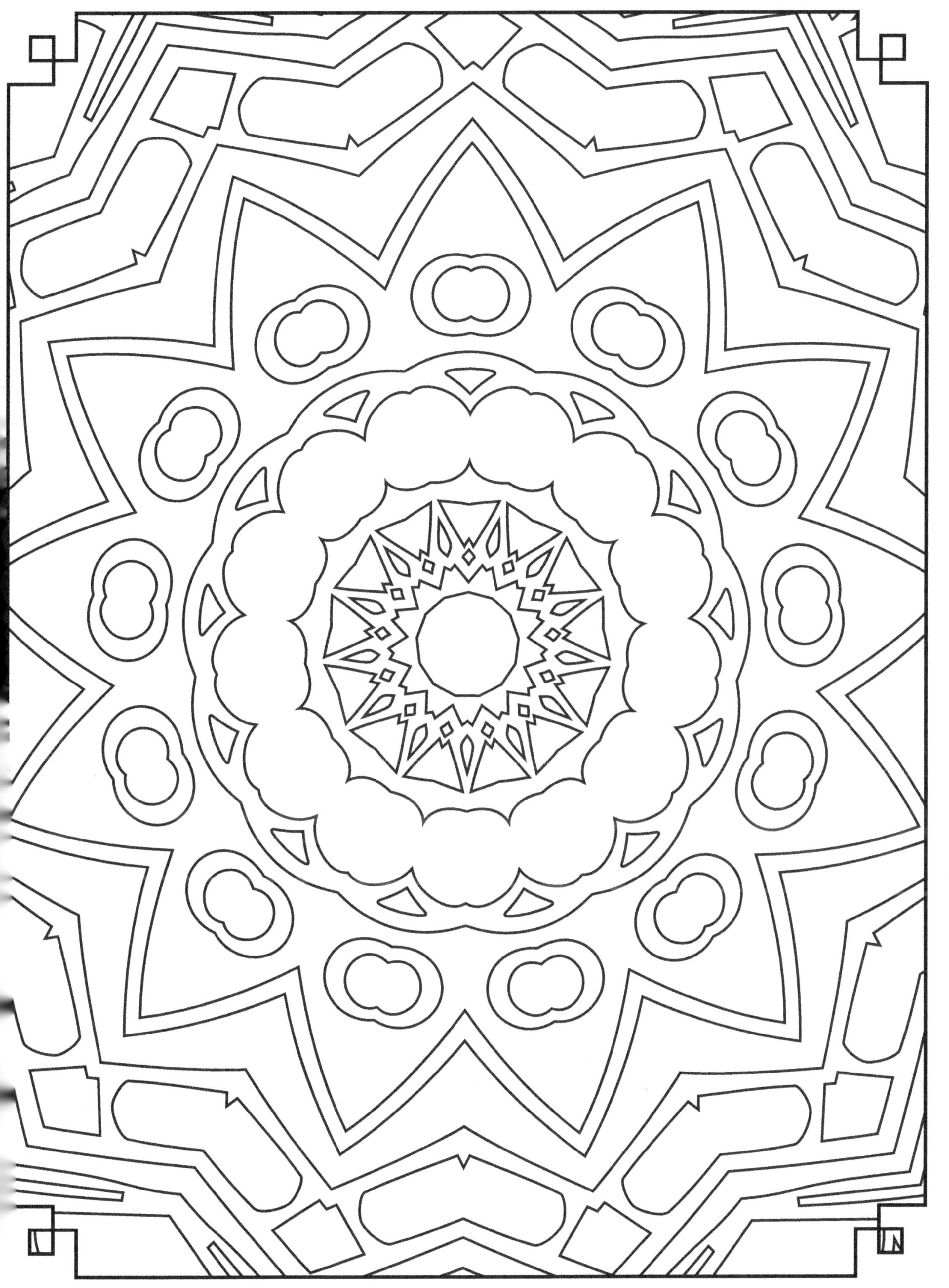

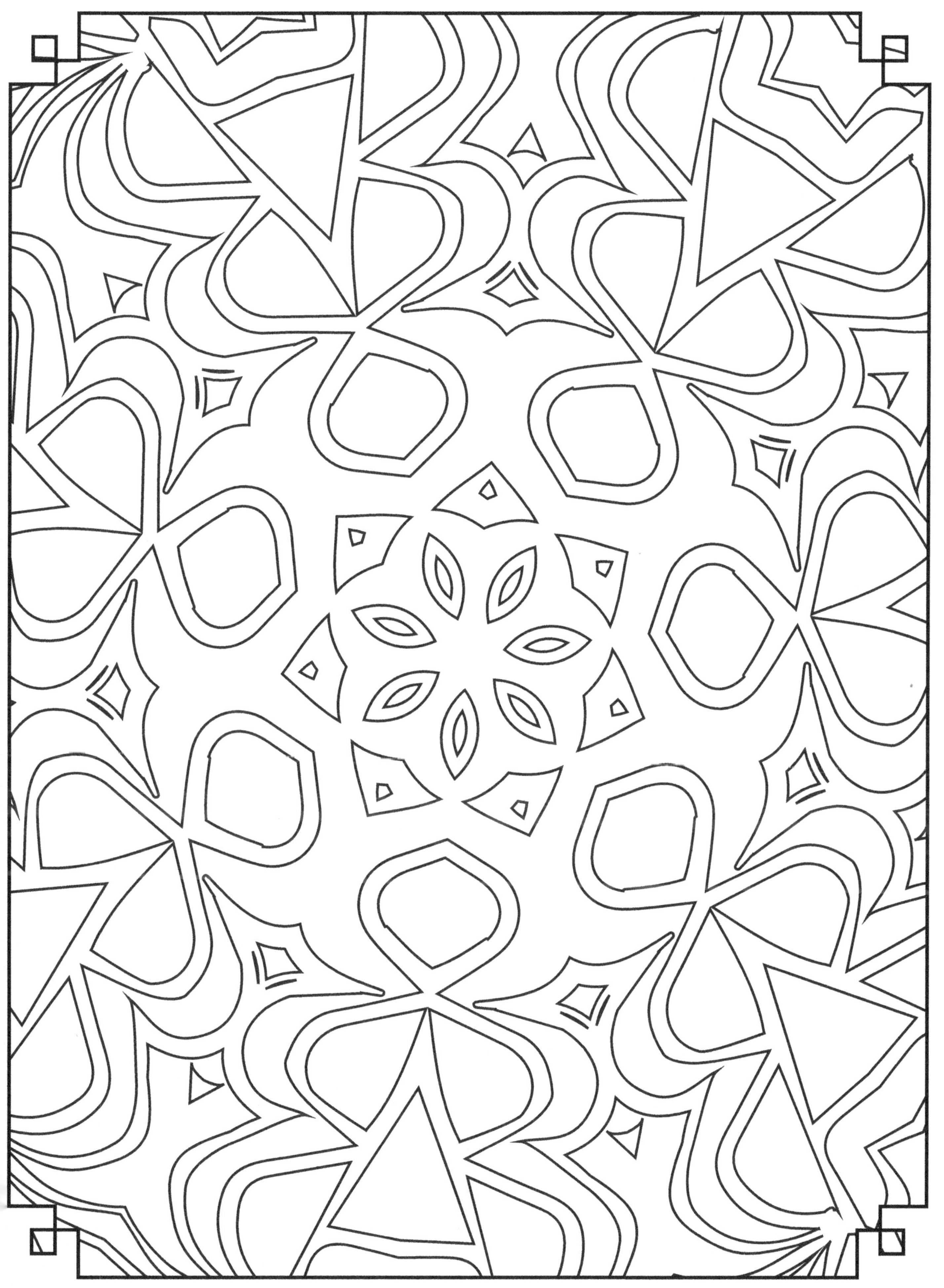

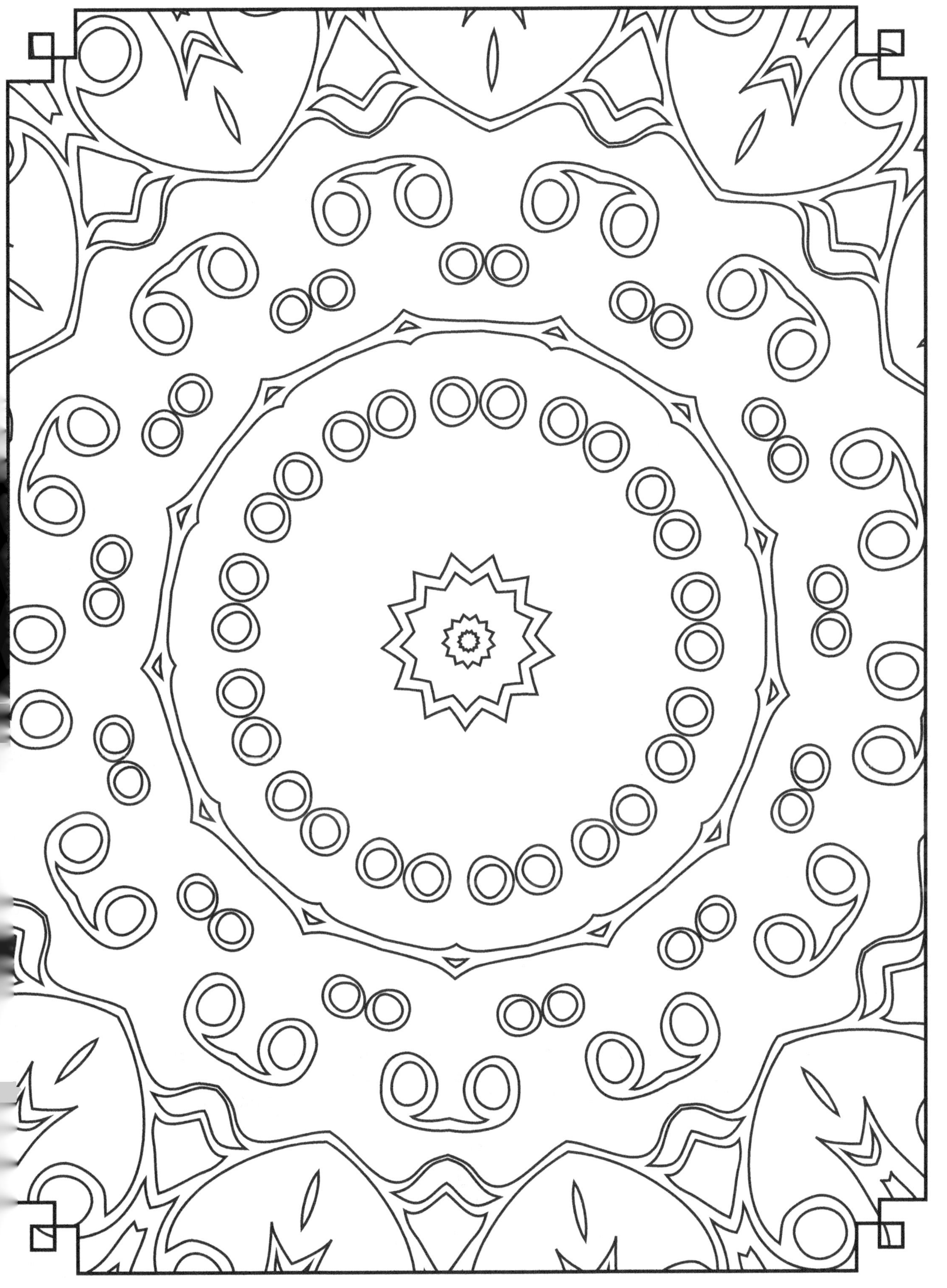

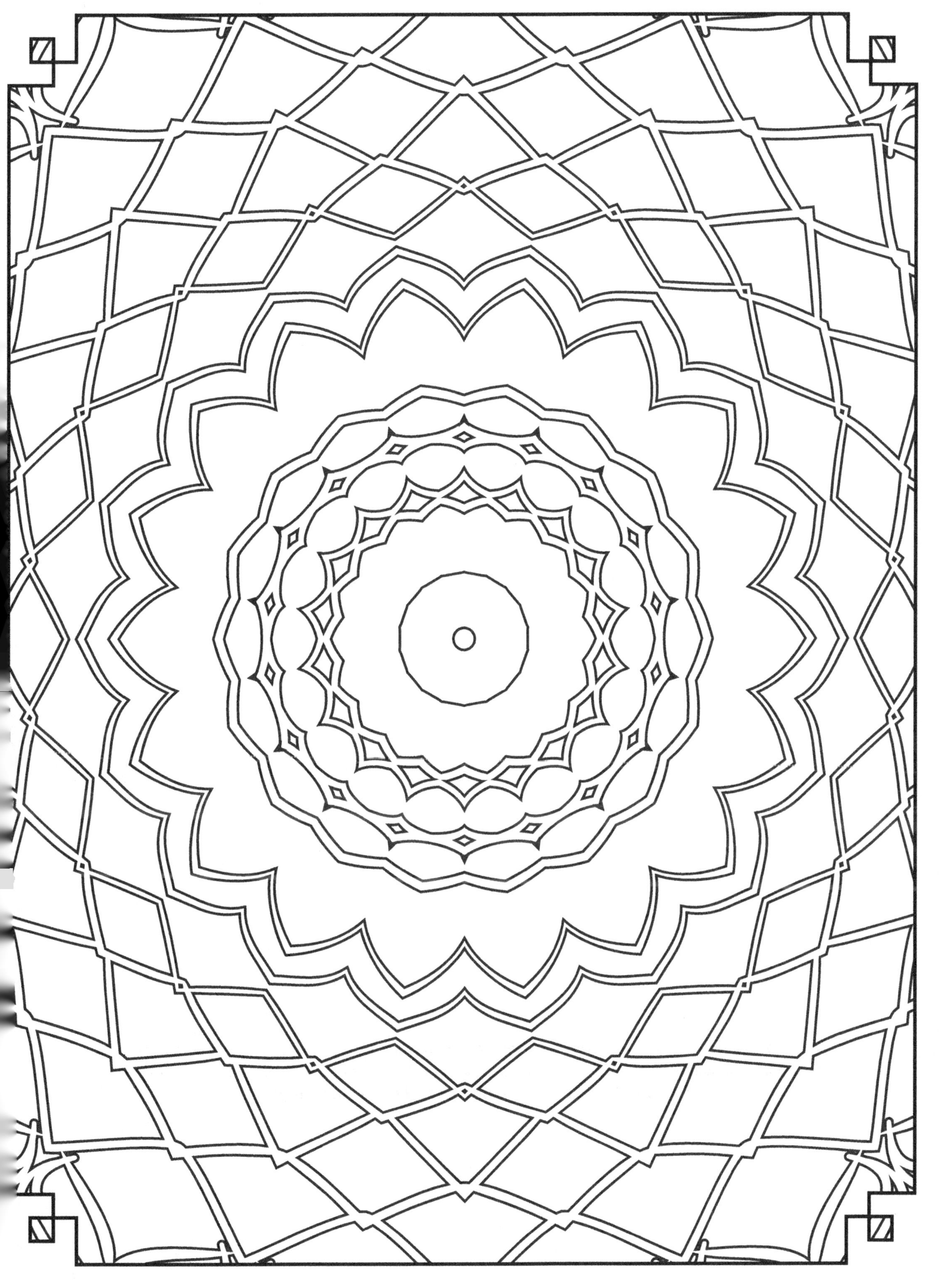

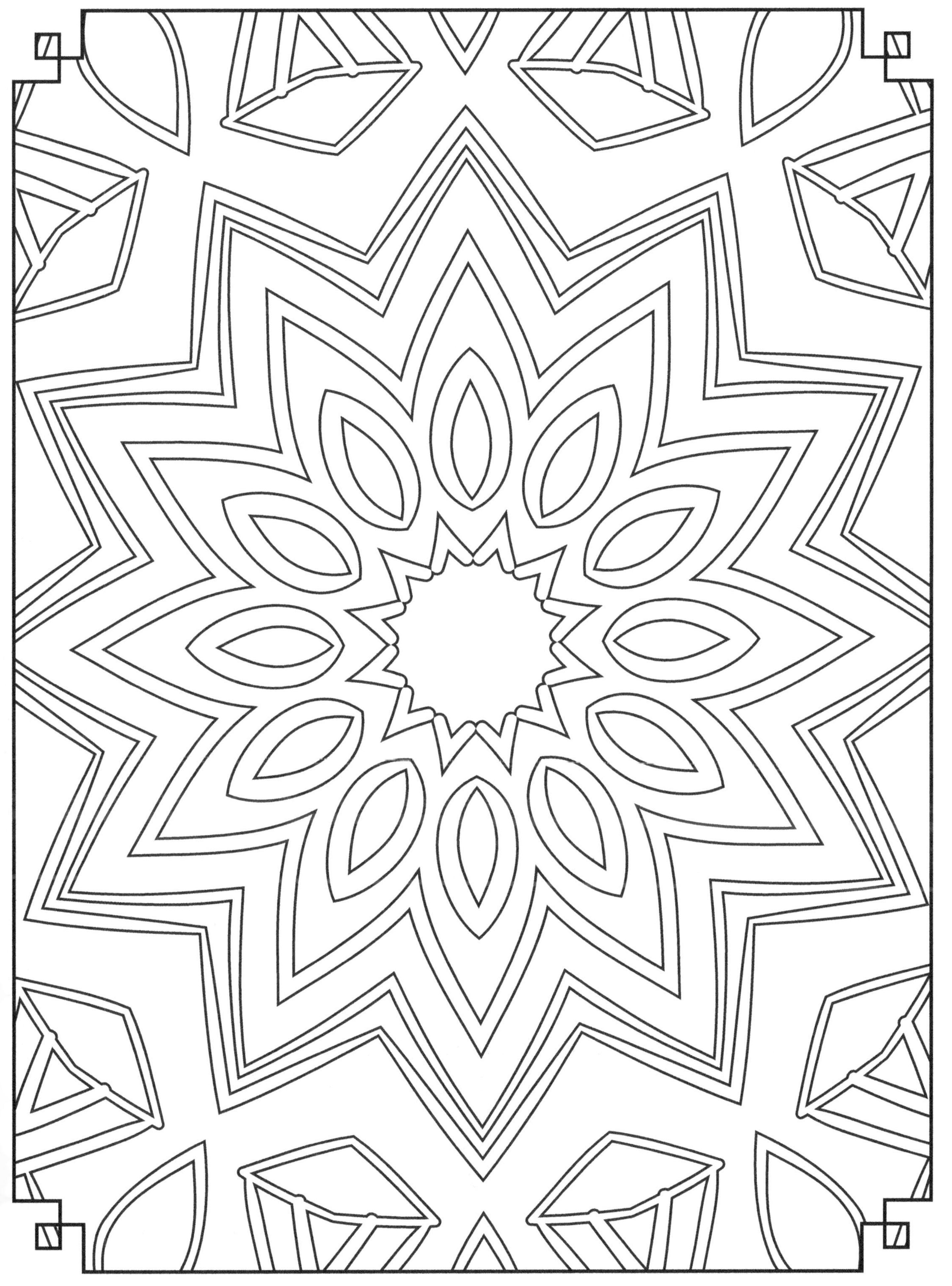

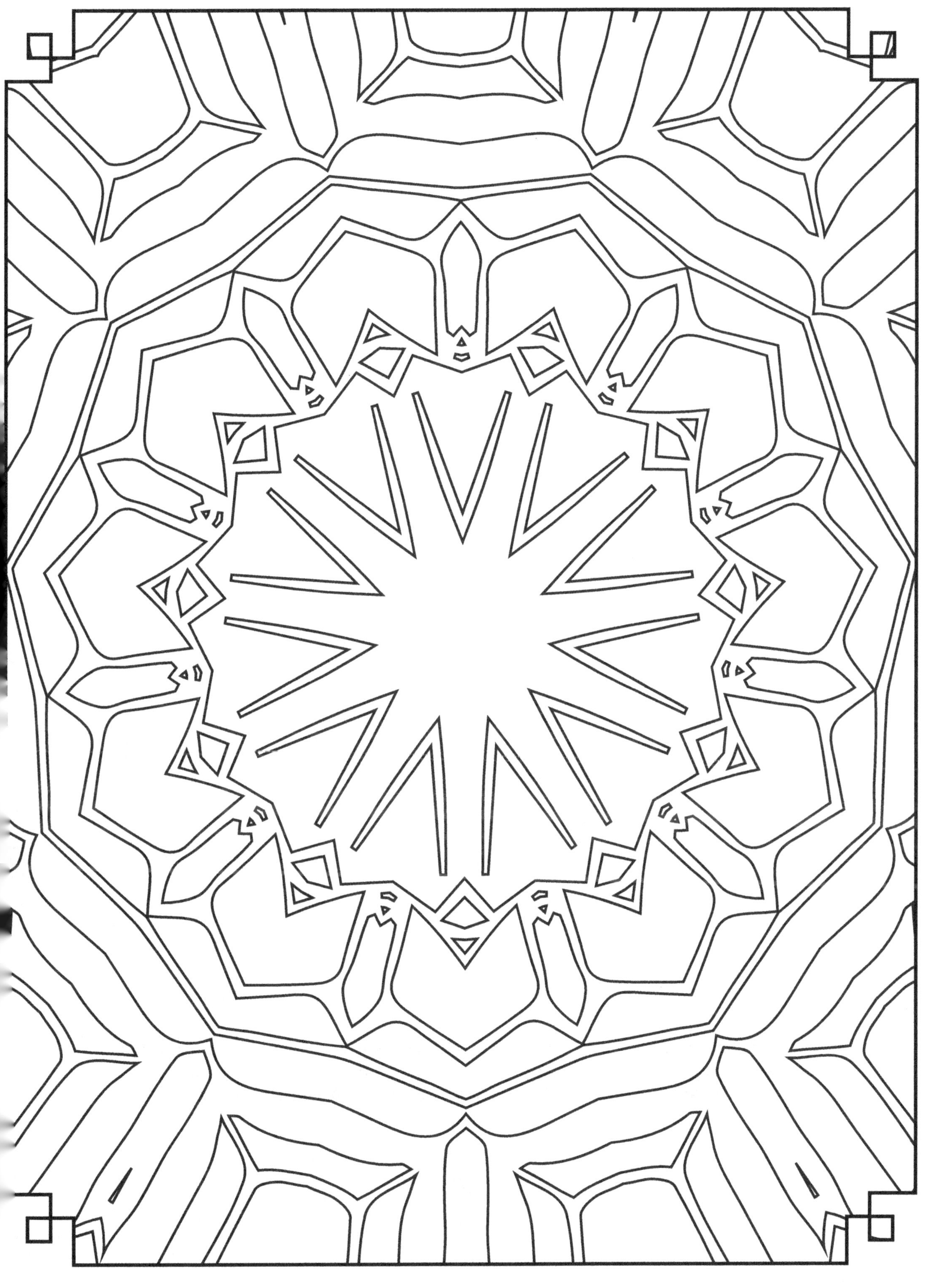

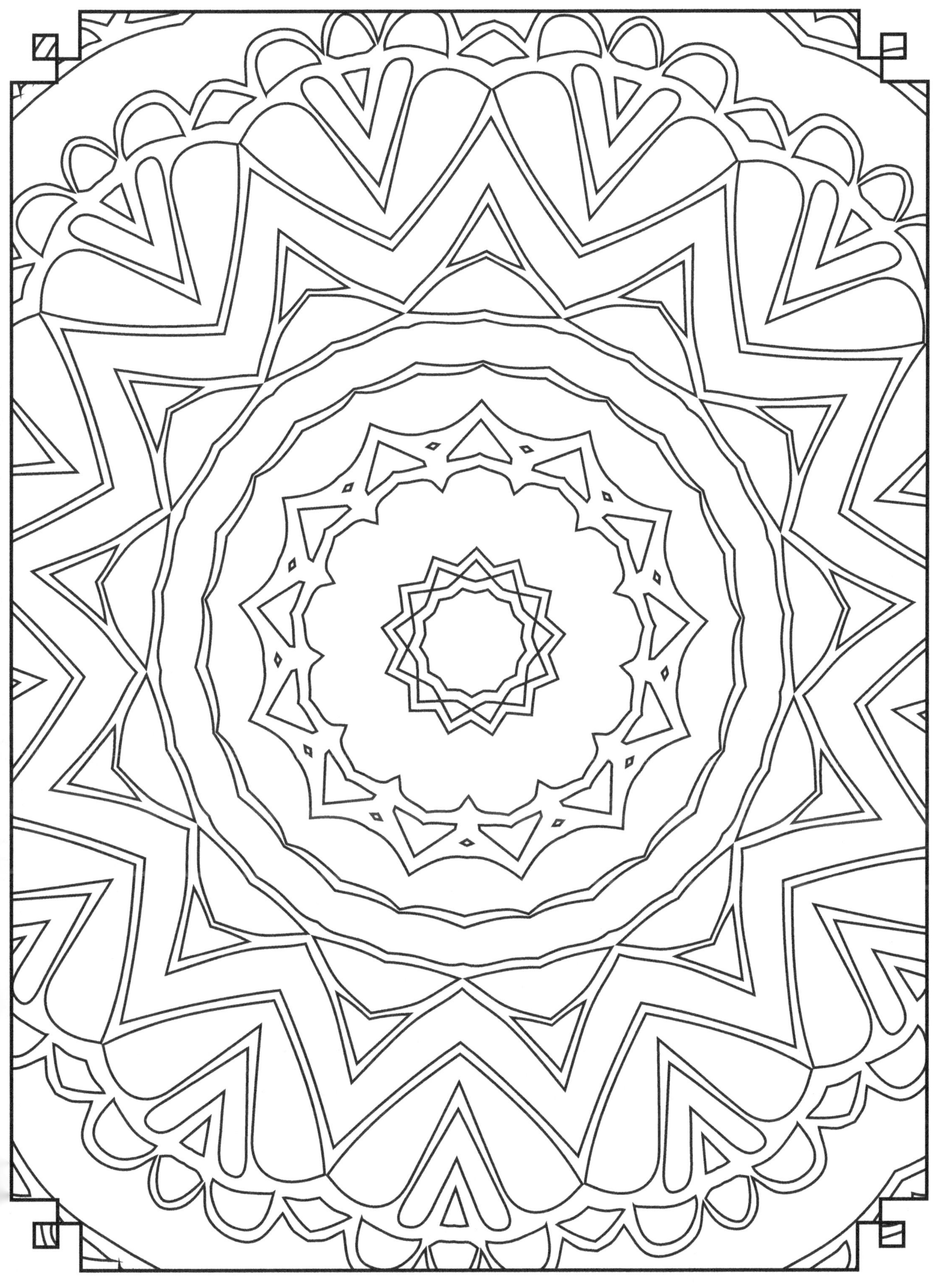

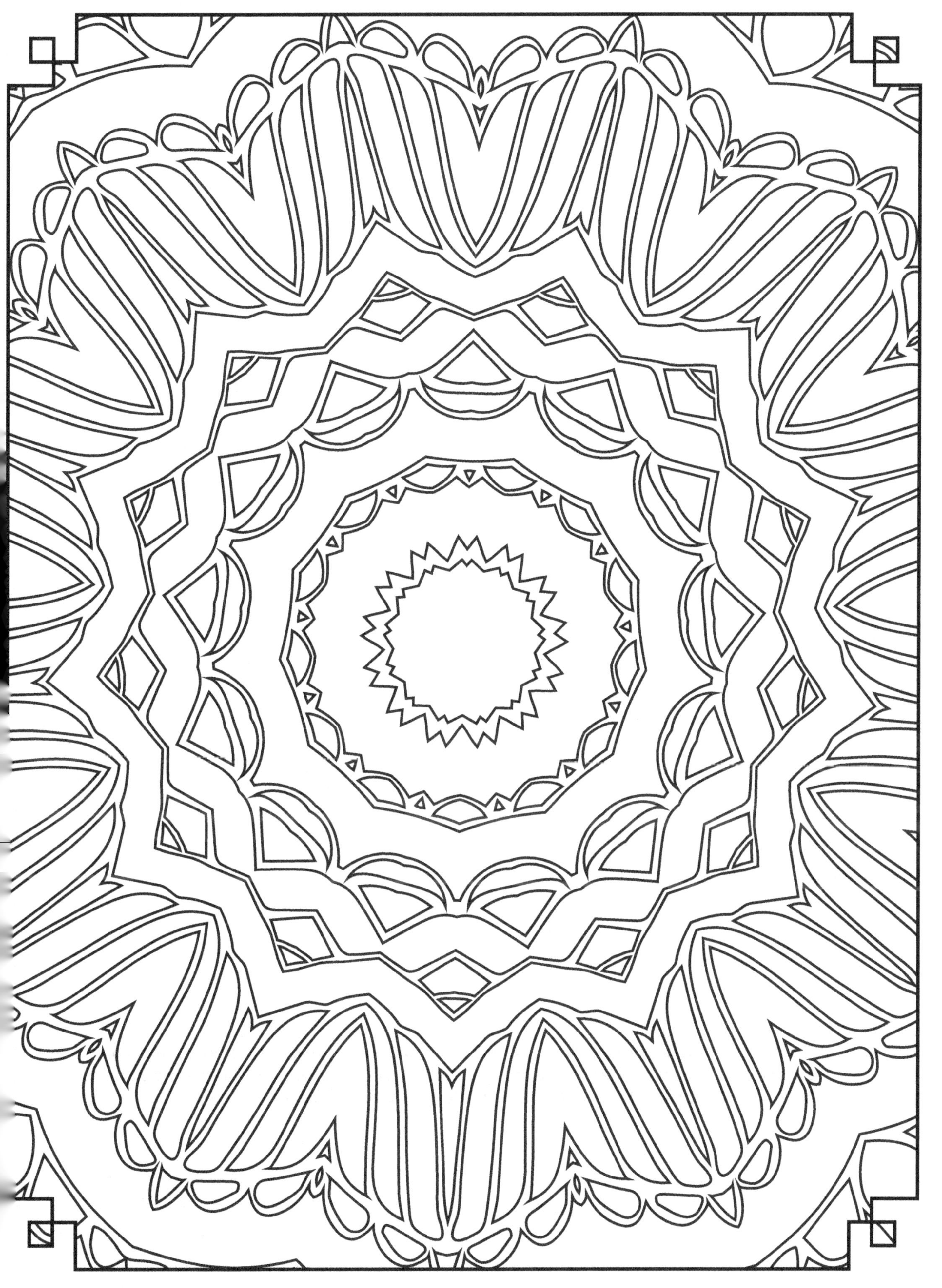

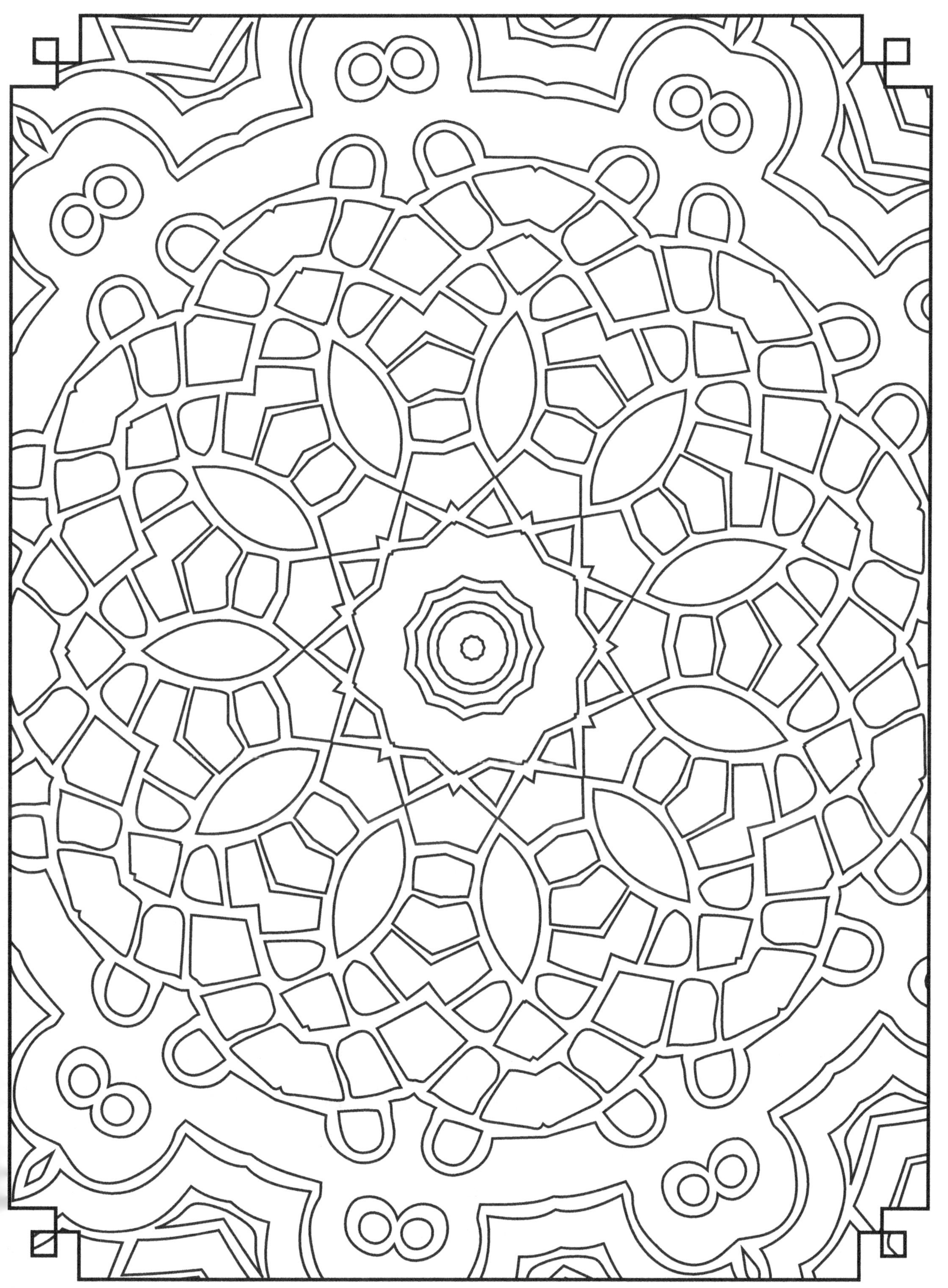

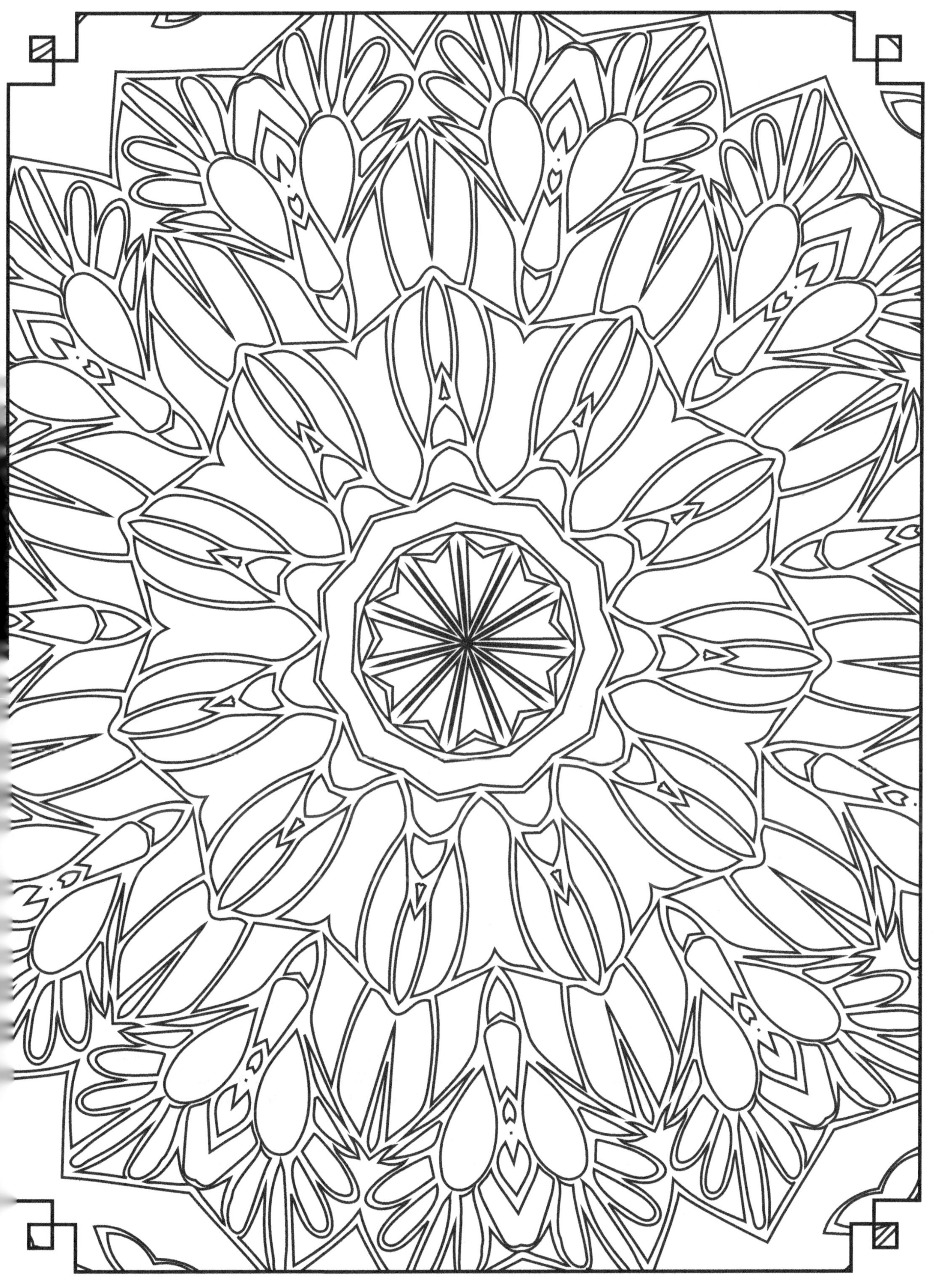

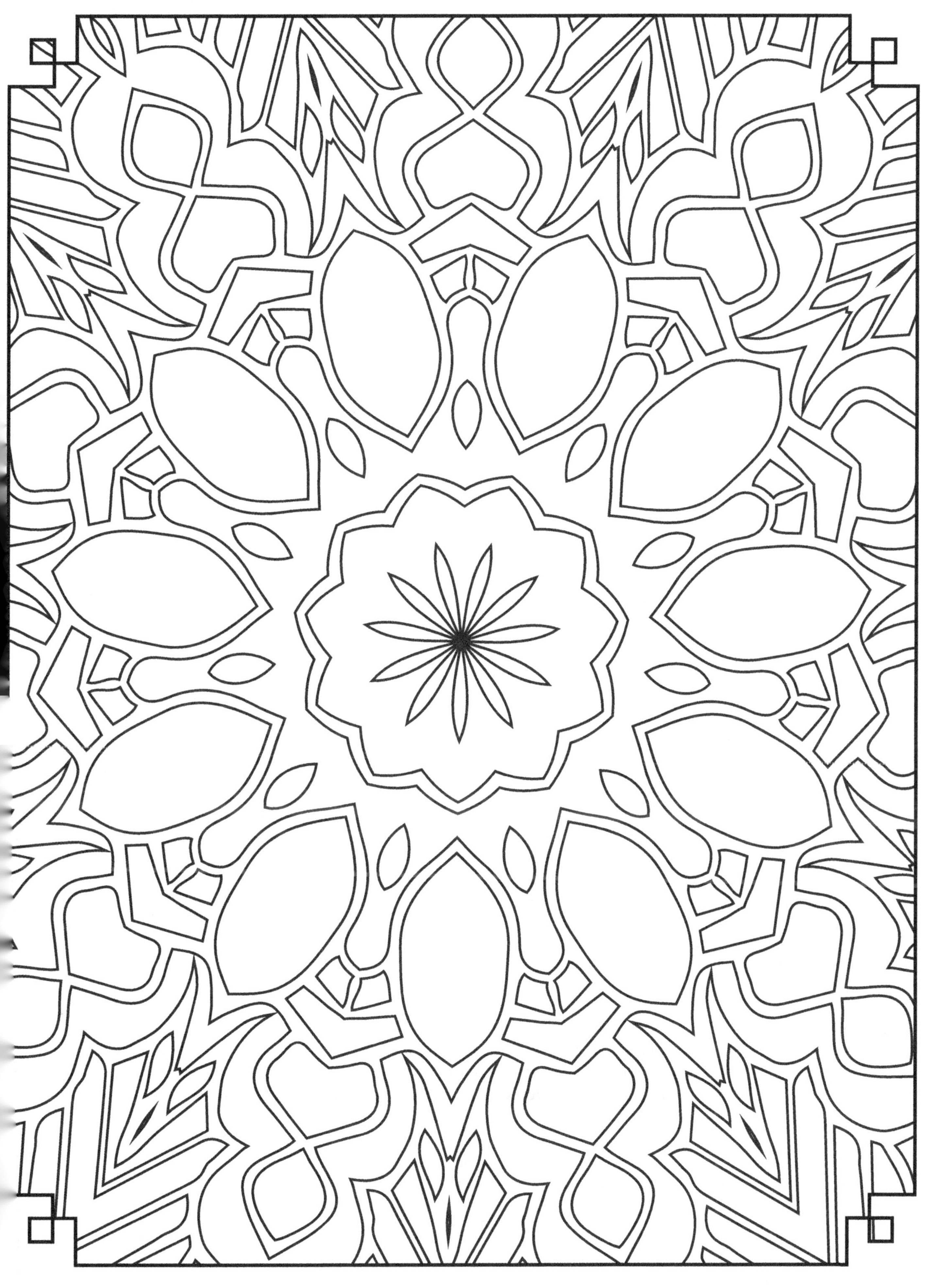

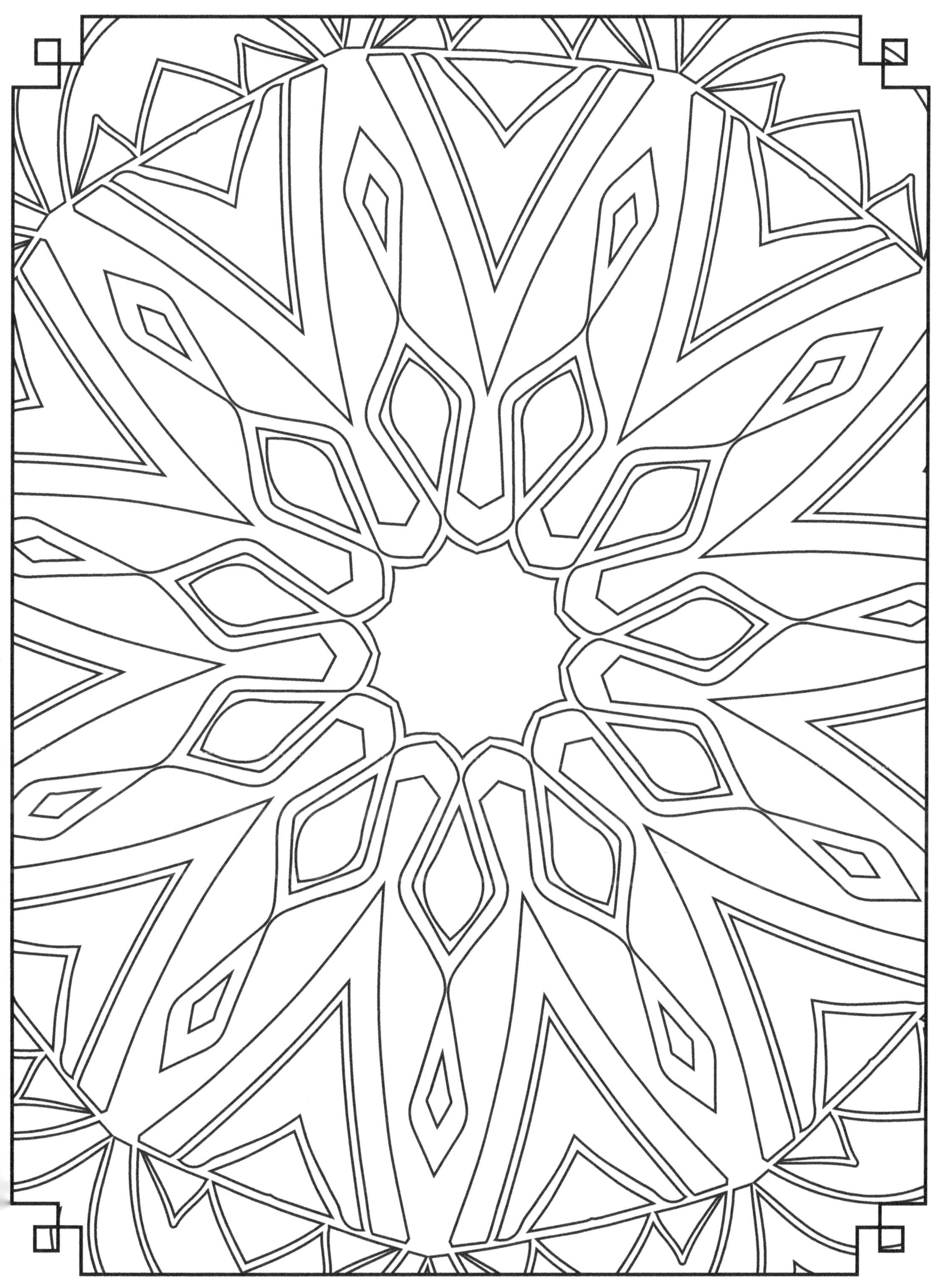

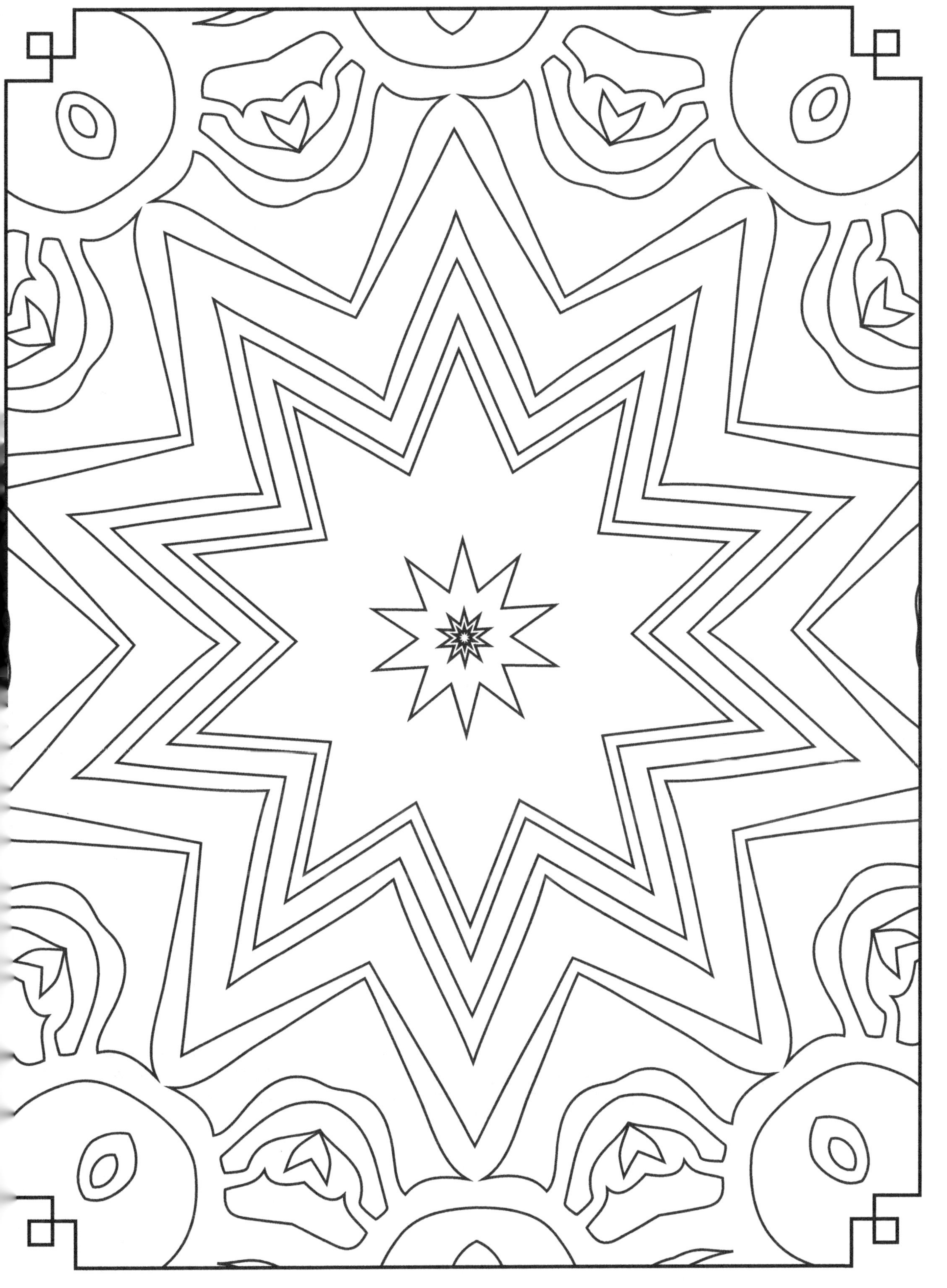

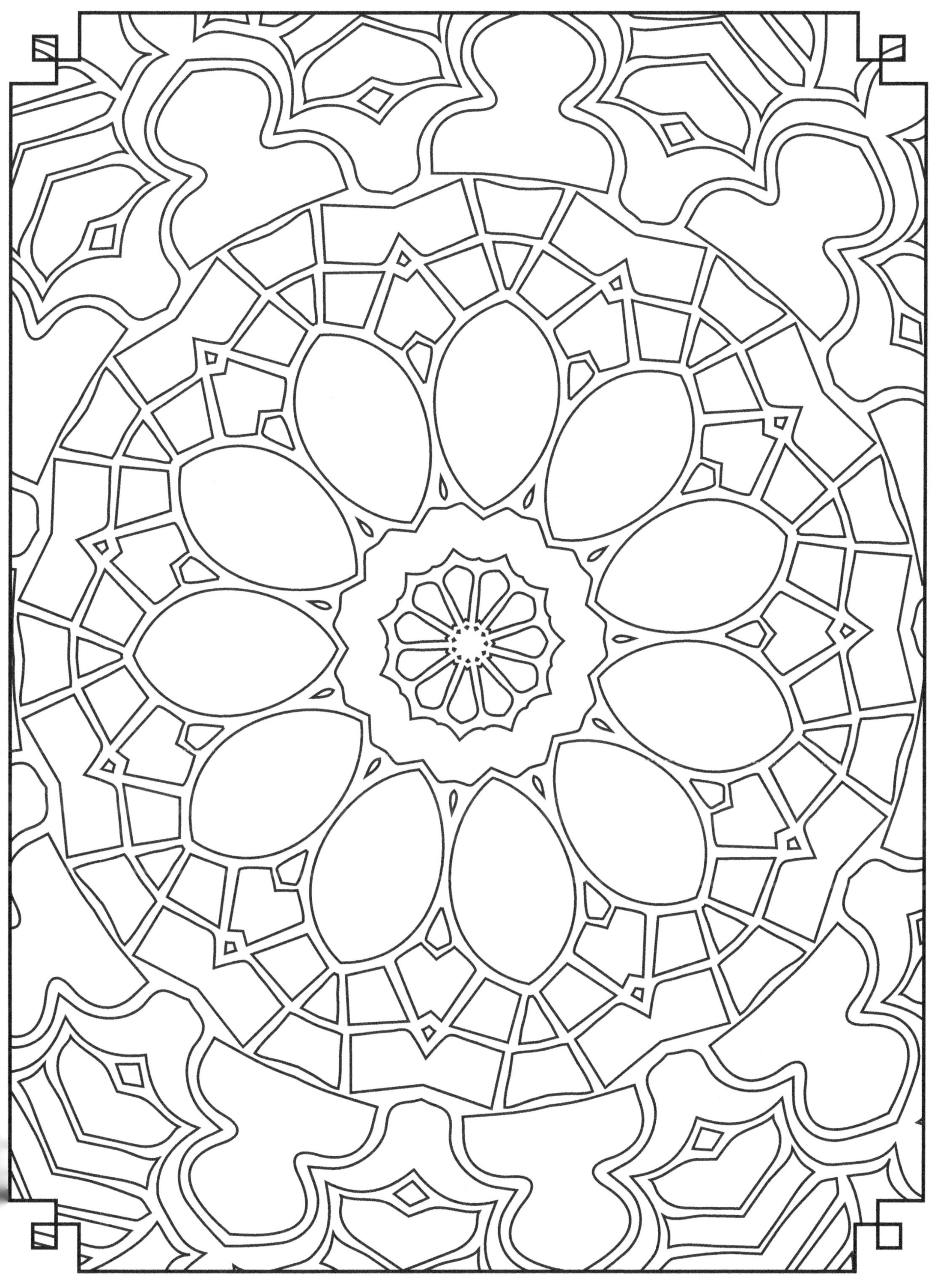

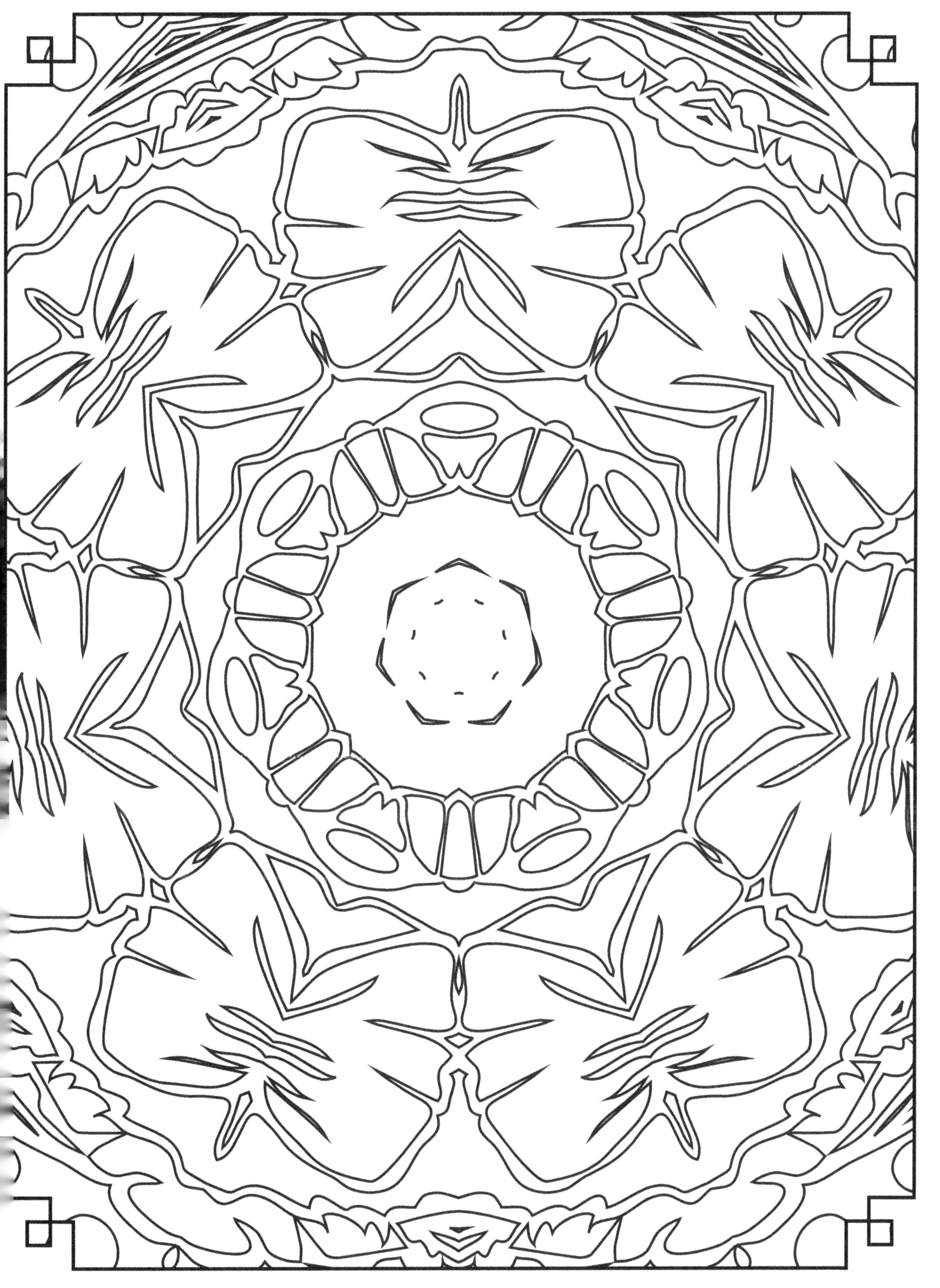

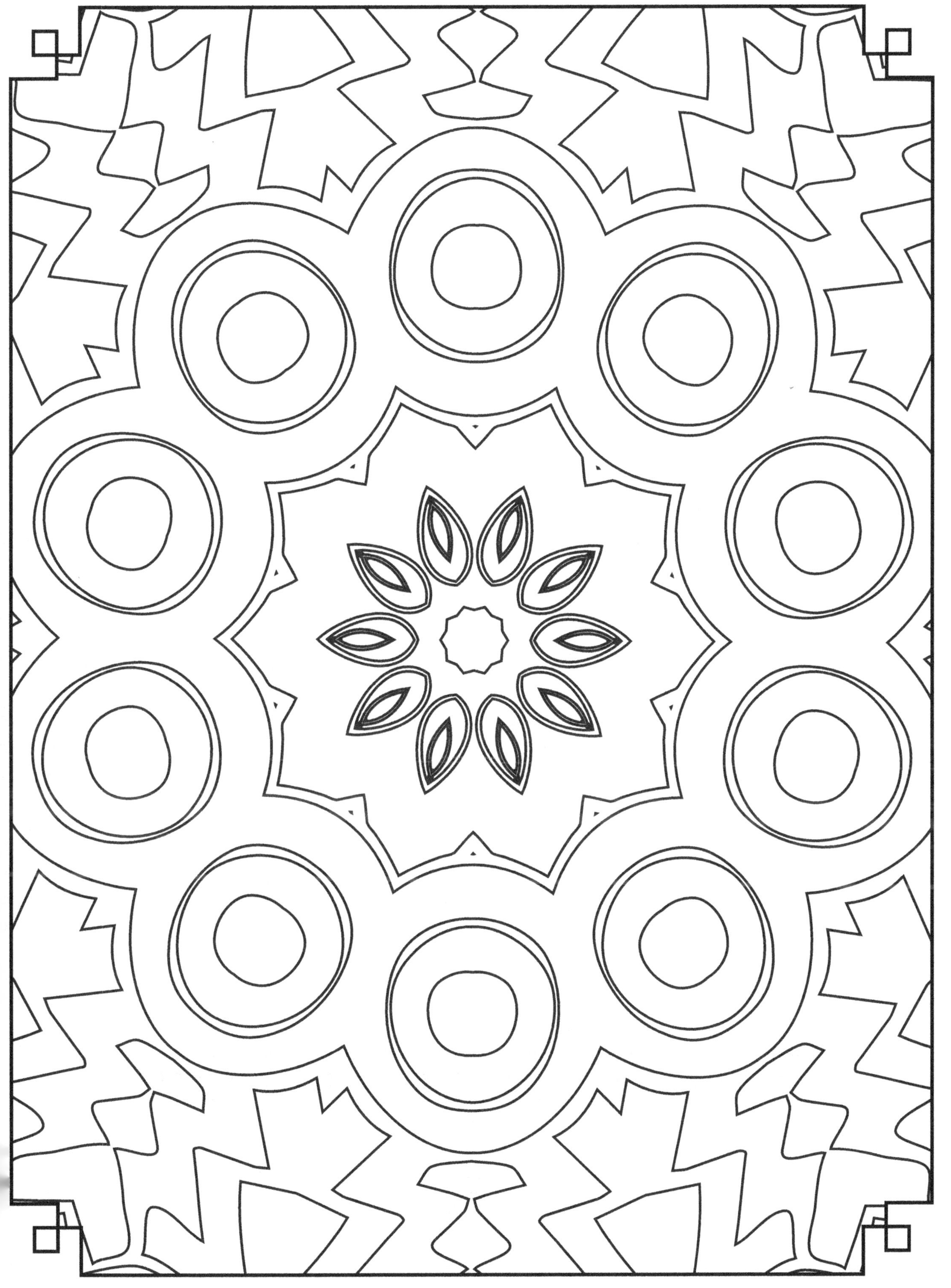

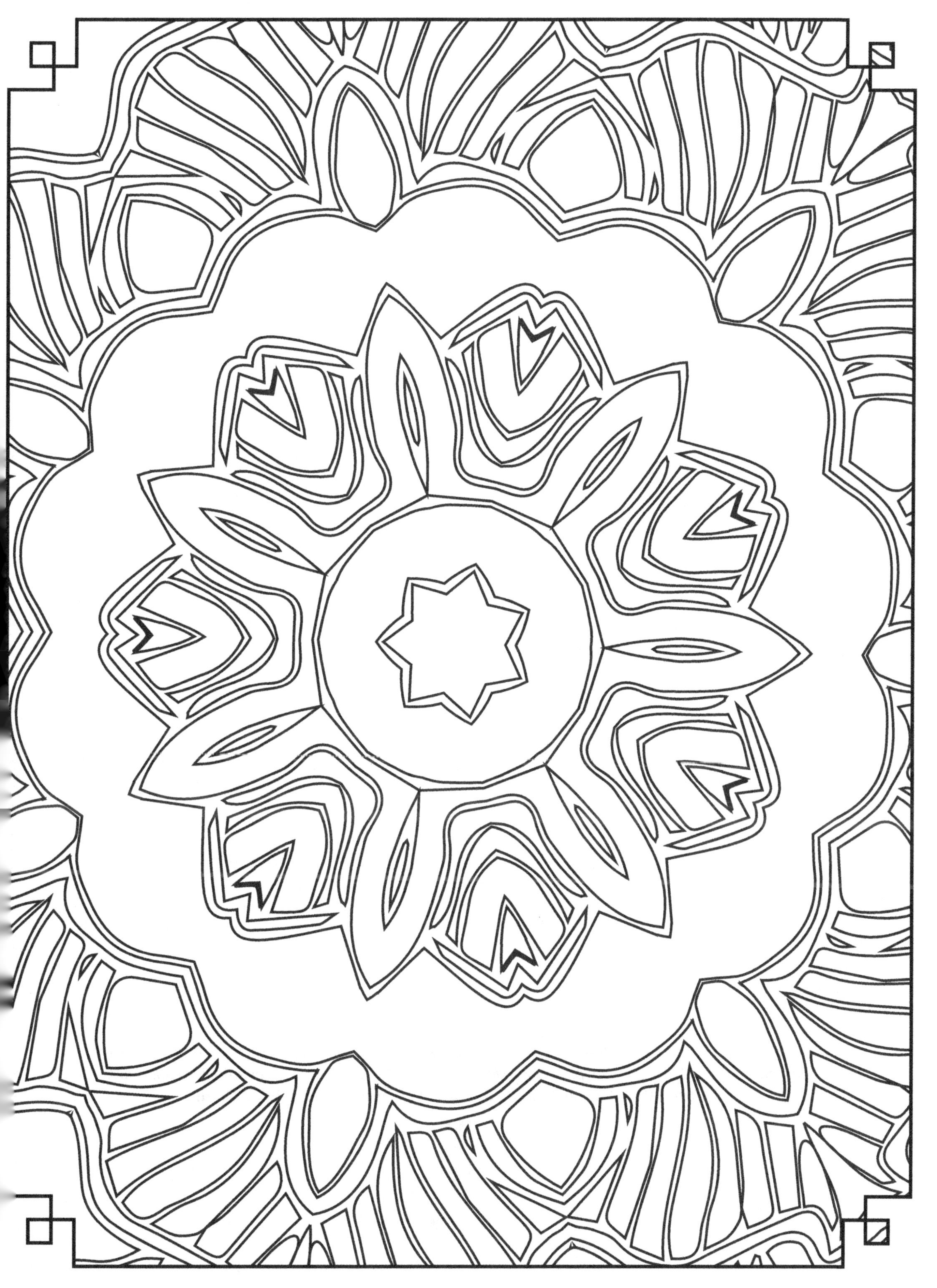

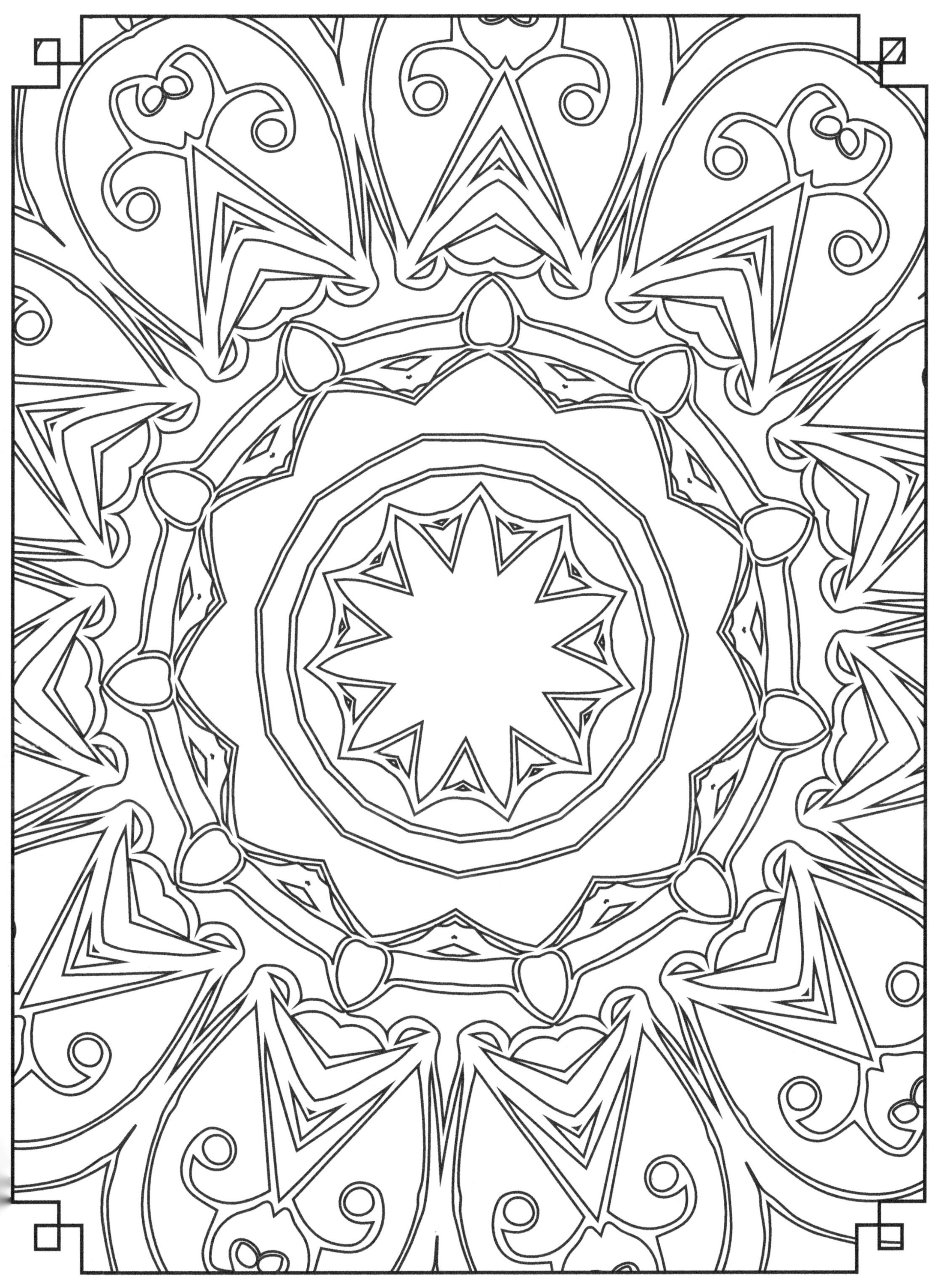

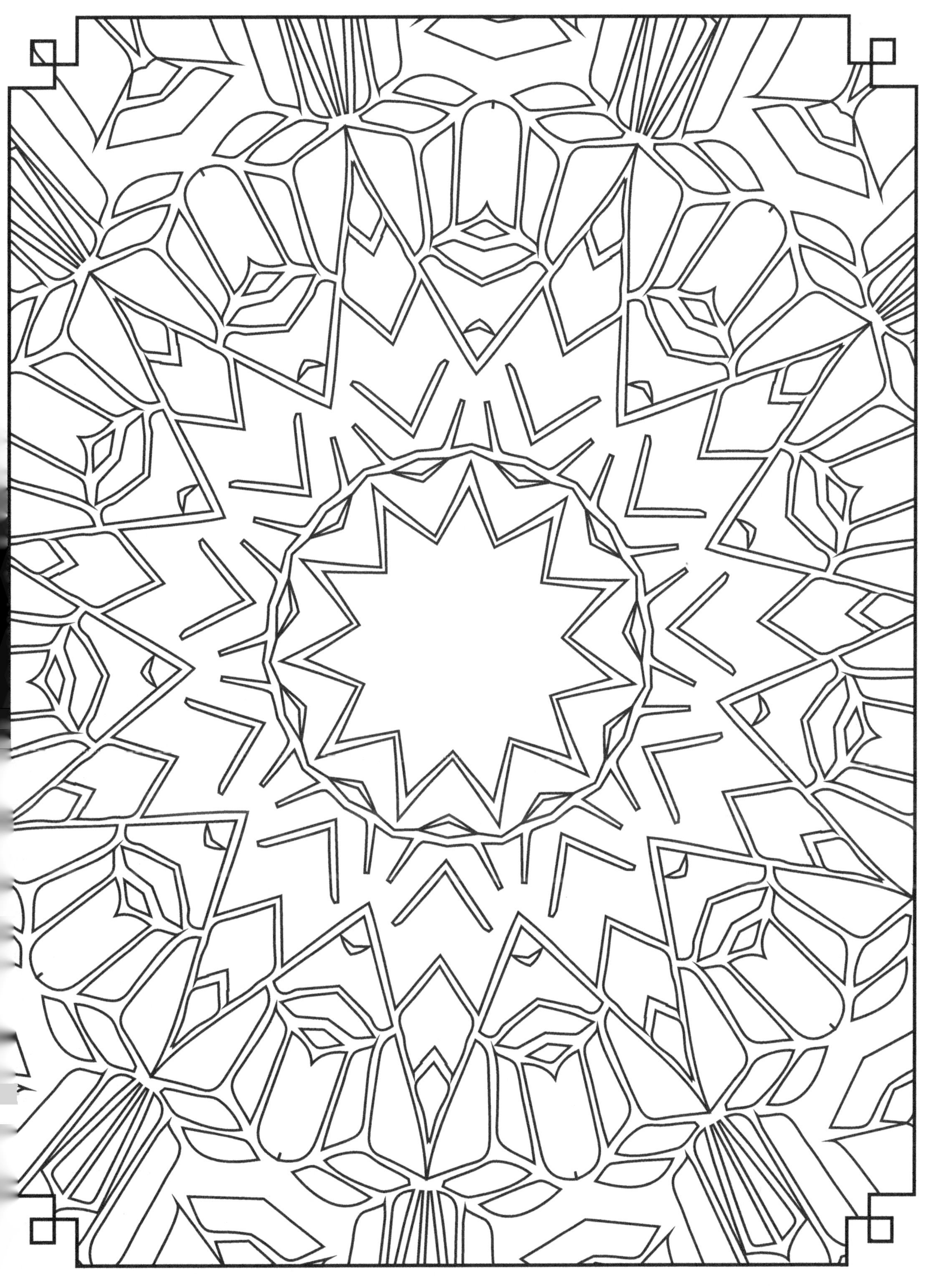

Made in the USA
Monee, IL
07 July 2026

56546065R00059